1 MONTH OF
FREE
READING

at

www.ForgottenBooks.com

By purchasing this book you are eligible for one month membership to ForgottenBooks.com, giving you unlimited access to our entire collection of over 700,000 titles via our web site and mobile apps.

To claim your free month visit:

www.forgottenbooks.com/free588923

ISBN 978-0-666-03545-5
PIBN 10588923

This book is a reproduction of an important historical work. Forgotten Books uses
state-of-the-art technology to digitally reconstruct the work, preserving the original format
whilst repairing imperfections present in the aged copy. In rare cases, an imperfection in
the original, such as a blemish or missing page, may be replicated in our edition. We do,
however, repair the vast majority of imperfections successfully; any imperfections that
remain are intentionally left to preserve the state of such historical works.

HUBERT PERNOT

Chargé de cours à la Sorbonne

————

Études

de

Littérature

grecque moderne

————

OUVR.GE ORNÉ DE 12 ILLUSTRATIONS

————

PARIS

JEAN MAISONNEUVE ET FILS, LIBRAIRES-ÉDITEURS

3, RUE DU SABOT, 3 (VIᵉ)

—

1916

À madame Liéran,
en souvenir d'une visite
à Nogent.

17 mars 1937.

H. Pernot.

ÉTUDES DE LITTÉRATURE

GRECQUE MODERNE

EN VENTE A LA MÊME LIBRAIRIE

HUBERT PERNOT

Chargé de cours à la Sorbonne

Études

de

Littérature

grecque moderne

OUVRAGE ORNÉ DE 12 ILLUSTRATIONS

Paris

Jean Maisonneuve et Fils, Libraires-Éditeurs

3, Rue du Sabot, 3 (VIᵉ)

—

1916

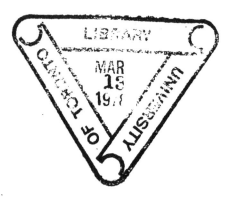

AU GÉNÉRAL

CHARLES-ÉMILE BOYER

PRÉFACE

Les pages qui suivent sont extraites d'un cours professé à la Faculté des lettres de l'Université de Paris, durant l'année scolaire 1912-1913. Des sept chapitres qui composent ce livre, trois sont consacrés à la première période de la littérature néo-hellénique, ou période des origines; les quatre autres portent sur la deuxième période, dite crétoise.

On ne trouvera pas ici un tableau complet de cette littérature à ses débuts. J'ai voulu seulement en marquer quelques traits essentiels et j'ai choisi à cet effet, parmi les œuvres composées en grec moderne, du XIᵉ siècle environ au XVIIᵉ, celles qu'il paraissait le plus utile de signaler à l'attention du public français.

Des raisons typographiques m'ont empêché

*d'insérer dans ce volume une analyse critique
du beau roman crétois d'Erotokritos, qu'on
trouvera d'ailleurs au tome* xxviii *de la*
« Revue des Études grecques ».

Juin 1915.

ÉTUDES DE LITTÉRATURE GRECQUE MODERNE

––––

CHAPITRE PREMIER

LE ROMAN DE DIGÉNIS AKRITAS

I

Premières mentions de Digénis Akritas. — Diverses éditions du poème relatif à ce héros.

Il y a un peu plus de quarante ans, on ne savait que fort peu de chose de Digénis Akritas (1).

(1) Sathas et Legrand, *Les exploits de Digénis Akritas* (*Collection de monuments pour servir à l'étude de la langue néohellénique*, nouvelle série, n° 6), Paris, 1875, in-8°. Rambaud, *La Russie épique* (Paris, 1876, in-8°), pag. 421-433. Hesseling, *Essai sur la civilisation byzantine*, Paris, 1907, in-8°, pag. 212-222. Diehl, *Figures byzantines*, deuxième série (Paris, 1908, in-8°), pag. 291-319. Politis, *De l'épopée nationale des Grecs modernes* (en grec, Athènes, 1906, in-8°), travail auquel nous avons fait ici plus d'un emprunt. — Nous conservons l'appellation *Akritas*, employée par les premiers éditeurs et qui est la forme pontique d'*Akritis*.

On avait tout d'abord quelques vers attribués à un auteur du XIIᵉ siècle, Théodore Prodrome : dans un premier passage de ces poèmes prodromiques, qui seront étudiés plus loin, l'empereur Manuel Comnène est appelé « nouvel Akritis » (1) ; dans un autre (2), l'auteur, après avoir décrit la vie frugale des simples moines et lui avoir opposé la bonne chère que font les higoumènes, en énumérant complaisamment tous les mets qui, défilent sur leur table, s'exprime de la façon que voici : « Ah ! si quelque autre Akritis se trouvait alors là, qu'il enfonçât (dans sa ceinture) les pans de sa tunique, prît sa massue et pulvérisât ces scélérats de mets ! »

On connaissait aussi un certain nombre de chansons populaires dans lesquelles revenait ce nom d'Akritas. C'étaient des chansons originaires du Pont, et M. Triantaphyllidis, qui les signalait dans les Prolégomènes de son drame intitulé *Les fugitifs* (3), écrivait : « Il existe aussi des chants et des traditions célébrant un héros intrépide, appelé Akritas, qui a fait preuve d'une prodi-

---

(1) *Poèmes prodromiques en grec vulgaire*, éd. Hesseling et Pernot (Amsterdam, 1910, in-8°), III, 400 y.

(2) *Ibid.*, III, 164-165.

(3) P. Triantaphyllidis. *Les fugitifs* (en grec, Athènes, 1870, in-8°), p. 49.

gieuse bravoure. D'après ces chants, Akritas ayant élevé un château fort et ravi une belle jeune fille, s'était enfermé dans celui-ci et battait le pays en inspirant la terreur. Il mourut de la peste et, afin que sa bien-aimée ne tombât pas aux mains des ennemis, faisant mine de vouloir la serrer dans ses bras et lui donner le dernier baiser, il l'étreignit et l'étouffa ».

Le même auteur ajoutait : « Vu les nombreux et prodigieux exploits que lui attribue la tradition, Akritas apparaît plutôt comme un personnage fictif, sur lequel l'imagination populaire a amoncelé des exploits surhumains. Peut-être aussi a-t-il vraiment été, aux premiers temps de la domination turque, un des champions de la liberté, et c'est à lui, comme au plus illustre, qu'on aura assigné, en les amplifiant, des hauts faits partiellement réels ».

A côté de ces chansons, où se trouvait mentiouné le nom d'Akritas, d'autres encore existaient, rapportant elles aussi des exploits merveilleux, et dans ces chansons revenaient des noms comme Philopappos, Andronic, Porphyre, et enfin Digénis.

Le lien qui unissait ces données éparses apparut **brusque**ment, quand fut trouvé à l'École hellé-

nique de Trébizonde, à laquelle il avait été donné
par M. Savas Ioannidis, un manuscrit du xvᵉ siè-
cle, que publièrent immédiatement, en l'année
1875, MM. Sathas et Legrand. Il contenait un
poème de 3180 vers, malheureusement incomplet
par endroits. Les éditeurs lui ont ajouté une tra-
duction française. C'est la seule que nous possé-
dions jusqu'ici et nous lui ferons plus loin divers
emprunts.

L'attention des savants une fois attirée sur ce
curieux poème, les éditions devaient s'en suc-
céder assez rapidement. On en compte aujour-
d'hui six.

La seconde a été publiée par M. Lambros dans
ses *Romans grecs* (1). Elle a été faite d'après le
manuscrit autographe d'Ignace Pétritsis, Grec de
Chio, qui se nomme à la fin du poème et nous
apprend qu'il a achevé son travail le 25 novem-
bre 1670. Ce travail est tout uniment celui d'un
remanieur : Pétritsis a mis au goût de son temps
et dans son langage à lui, qui est un grec forte-
ment teinté de dialectismes, une version plus an-
cienne du roman de Digénis Akritas.

C'est exactement ce que se proposait de faire

---

(1) *Collection de romans grecs en langue vulgaire et en vers*
publiés... par Sp. P. Lambros, Paris, 1880, in-8º.

aussi, au XVIIIᵉ siècle, le fameux Constantin (en
religion Césaire) Dapontès.

L'histoire. d'Akritas, écrit-il, est de grande éten-
due, mais admirable et douce comme sucre. Elle
forme un livre en soi, de huit à dix feuilles et con-
tient tous ses hauts faits. J'en ai vu de deux façons :
avec peintures des exploits de ce héros et sans
peintures. Ce livre se divise en huit parties ; il est
recherché et très difficile à trouver. En tête de cha-
que partie sont cinq vers qui en résument le contenu.
Tous les exemplaires sont manuscrits ; je n'en con-
nais pas d'imprimé, l'ouvrage ne paraît pas avoir
été mis sous presse. On a imprimé *Érotokritos*,
Suzanne, *Érophile* et d'autres, mais par grand dom-
mage on ne l'a pas fait pour Basile (Akritas). Si Dieu
me prête vie, je rédigerai ce récit en vers et l'en-
verrai tout droit à Venise. Bienheureux l'imprimeur
qui s'en chargera, il en tirera grand profit et re-
nom.

Dapontès n'a pas mis son projet à exécution et
de plus, aucun des manuscrits illustrés auxquels
il fait allusion ne nous est connu pour l'ins-
tant.

Un an après l'édition de M. Lambros, un autre
savant athénien, Antoine Miliarakis publiait un
second remaniement du même poème, d'après un

manuscrit du XVIᵉ siècle découvert à Andros (1).
En 1887, quatrième édition, donnée à Constanti-
nople par M. Savas Ioannidis, et basée sur le ma-
nuscrit de Trébizonde, comme la première (2).

Cinquième édition en 1892, établie par Legrand
sur un manuscrit de Grotta-Ferrata (3). Enfin,
tout récemment M. Hesseling insérait dans la
Laographia une version nouvelle tirée d'un ma-
nuscrit de l'Escurial (4).

Toutes ces versions sont en vers, mais le pas-
sage de Dapontès ci-dessus rapporté implique
l'existence de versions en prose, dont nous trou-
vons en effet ultérieurement la trace : le docteur
Mordtmann a déclaré à Savas Ioannidis en avoir
vu une à Constantinople, et M. Démétrius P.
Paschalis projette, depuis fort longtemps d'ail-
leurs, d'en publier une autre, d'après un manus-
crit en sa possession.

(1) *Basile Digénis Akritas...*, par Ant. Miliarakis (en grec),
Athènes, 1881, in-8°.

(2) *L'épopée médiévale de Basile Digénis Akritas* d'après le
manuscrit de Trébizonde... par Savas Ioannidis (en grec), Cons-
tantinople, 1887, in-8°.

(3) *Les exploits de Basile Digénis Akritas*, épopée byzantine
publiée d'après le manuscrit de Grotta-Ferrata par Émile Le-
grand (*Biblioth. grecque vulgaire*, tome VI). Paris, 1ʳᵉ édit.,
1892, 2ᵉ édit., 1902, in-8°.

(4) *Laographia*, Athènes, 1912, t. III, pp. 537-604.

Aucun des textes aujourd'hui connus ne peut être avec certitude reporté bien haut. Il en est qui sont nettement de date récente, tel par exemple celui de Pétritsis. D'autres sont rédigés en un grec archaïsant, qui ne permet pas de déterminer avec précision l'époque à laquelle ils remontent. Ce n'est donc pas la linguistique qui peut nous fixer sur la date à laquelle a été composé l'original dont dérivent toutes les versions que nous possédons et qui grosso modo peuvent être réparties en deux classes : d'un côté, assez nettement isolée, la version de Grotta-Ferrata, et, par ailleurs, toutes les autres.

II

Analyse du livre I. — *La chanson de Kostantas.* — *Les fils d'Andronic.* — Livres II et III. — Voyage et retour de l'émir.

De ce qui vient d'être dit se dégagent jusqu'à présent deux faits : l'existence de chansons populaires relatives à Akritas et que pour cette raison nous appellerons akritiques ; l'existence d'une chanson de geste également akritique. Examinons

maintenant cet ensemble et recherchons à quoi
il correspond. Sans entrer dans le détail des va-
riantes du poème, nous suivrons de préférence,
au cours de cet exposé, le manuscrit de Grotta-
Ferrata, qui nous paraît avoir, en général, con-
servé la meilleure tradition. De même nous ne
prendrons pas toutes les chansons du cycle akri-
tique : elles sont beaucoup trop nombreuses,
M. Politis en relève 23 sur les 650 numéros dont
se compose le recueil de Passow (1) et il nous dit
que, dans sa propre collection, malheureusement
encore inédite, il en trouve 1350, sans compter
600 autres dont l'origine akritique peut être su-
jette à caution ; nous nous bornerons donc à choi-
sir, parmi les chansons que nous connaissons,
celles qui semblent le plus caractéristiques ou le
plus instructives.

A une époque, que provisoirement nous fixe-
rons aux environs du xe siècle, vivait en Syrie un
noble émir, qui n'était pas noir comme les Éthio-
piens, mais blond. Il avait les sourcils fournis,
l'œil rapide et plein d'amour, une taille de cyprès,
et faisait l'admiration de tous ceux qui le voyaient.
D'une humeur très belliqueuse, il entreprit di-

(1) Passow, *Popularia carmina Græciæ recentioris*, Leipzig,
1860, in-8°.

verses expéditions en Romanie, c'est-à-dire dans
l'empire d'Orient, et arriva ainsi en Cappadoce,
jusqu'à la demeure d'un général grec dont il
emmena la fille en captivité. Le père de la jeune
fille était alors en exil. Quant à ses frères, ils se
trouvaient aux frontières.

Rappelés par un message de leur mère, ils se
mettent à la poursuite du ravisseur, en jurant de ra-
mener leur sœur ou de se faire tuer pour elle. Ils
rejoignent en effet l'émir et lui réclament la pri-
sonnière, mais celui-ci déclare qu'il ne la rendra
qu'après un combat singulier avec l'un d'eux :
s'ils le vainquent, ils reprendront leur sœur;
si c'est lui qui l'emporte, ils deviendront ses es-
claves. Celui que désigne le sort pour lutter
contre l'émir, est Constantin, le petit Constantin,
que nous retrouverons tout à l'heure. La lutte
est des plus chaudes et c'est Constantin qui a le
dessus; l'émir vaincu implore la pitié de son ad-
versaire en croisant les doigts, suivant la cou-
tume de son pays.

Sous couleur d'accomplir sa promesse, l'émir
donne alors aux jeunes gens son anneau et les
invite à parcourir toutes les tentes, pour y retrou-
ver leur sœur. Après de longues et vaines recher-
ches, ceux-ci rencontrent un Sarrasin, qui leur

dit : « Allez dans ce ravin, vous y verrez un ruis-
seau ; là nous avons égorgé hier des jeunes filles
qui nous résistaient ». En effet, à l'endroit indi-
qué, ils aperçoivent des corps mutilés, mais sans
y découvrir celui de leur sœur. Ils leur donnent
la sépulture, prononcent sur eux un mirologue et
se rendent de nouveau, menaçants, chez l'émir.

Celui-ci les questionne sur leur origine. « Nous
sommes, lui disent-ils, des Grecs ('Ρωμαῖοι) de
sang illustre, nous descendons de la famille des
Cinname et des Ducas et nous comptons, parmi
nos cousins et nos oncles, douze stratèges. Mais
toi-même, émir, qui es-tu ? — Je suis, dit-il, fils
de Chrysovergis, ma mère s'appelait Panthia,
Amvron était mon grand-père et Karoïs (1) mon
oncle. Je fus remis par ma mère à des parents
Arabes, qui m'ont élevé et m'ont fait chef suprême
de toute la Syrie. Et moi, que n'ont pu vaincre
jusqu'ici ni les stratèges ni leurs armées, j'ai été
subjugué par la beauté d'une femme, celle qui est
votre sœur, et je ne vous ai mis à l'épreuve qu'afin
d'acquérir la certitude. Sachez qu'elle ne m'a pas
donné un baiser, pas adressé une parole ; voyez-
la, elle est dans ma tente, et si vous voulez bien

---

(1) Dans d'autres versions on trouve la forme Kosroïs, c'est-
à-dire Cosroès.

m'accepter pour beau-frère, je reviendrai avec vous en Romanie et me ferai chrétien ».

Telle est, dans ses grandes lignes, la première partie du roman de Digénis, celle qui précède la naissance du héros, car Digénis sera le fils de l'émir Moussour et de celle qu'il a enlevée et dont il va faire sa femme.

.˙.

Les chansons populaires qu'on recueille de nos jours encore de la bouche des paysans grecs ne renferment, à notre connaissance, rien qui corresponde directement à cette première partie de l'épopée; mais, si aucune d'elles ne relate les épisodes que nous venons d'indiquer, elles sont loin d'être muettes sur les exploits des oncles de Digénis, et deux d'entre elles surtout méritent d'être signalées.

La première provient de l'île de Chypre, qui est riche en chansons akritiques (1). Elle est intitulée *La chanson de Kostantas*, c'est-à-dire de Constantin, l'oncle de Digénis, celui-là même que nous venons de voir lutter victorieusement contre

(1) Chr. G. Pantélidis, *Chansons akritiques chypriotes* (en grec) dans la revue *Laographia*, 1910, t. II, p. 61 sqq.

l'émir, le Petit Constantin, dont il est si fréquem- |
ment question dans les chansons populaires.

LA CHANSON DE KOSTANTAS

Là-bas, aux confins des confins, où se trouve un '
cap, où se trouve un port, où la ronce est d'un
empan et où foisonne le tribule, où la cime de la
ronce atteint la hauteur du cheval — prenez la
pierre, elle est du fer ; prenez la terre, elle est du
plomb ; prenez le gravier, c'est de la forte perle —
là s'est établi Kostantas, le rude pallikare, le rude
et l'imberbe, au milieu de ses bravoures, au milieu
de ses hauts faits, au milieu de ses exploits.

Le roi, apprenant qu'il est si brave, envoie deux
de ses fils adoptifs pour le prendre. Ils ne trouvent
pas Kostantas, mais c'est sa belle qu'ils trouvent.
Ils s'arrêtent et se demandent comment ils la salue-
ront. S'ils l'appellent rosier, le rosier a des épines ;
s'ils l'appellent rameau flexible, c'est un rameau et
il fléchit.

— Allons, saluons-la comme il faut et comme il
convient. Bonne te soit l'heure, blonde jeune femme,
esprit de la Vierge ; c'est toi qui es l'Évangile, un
oiseau du Paradis.

La jeune femme qui était sensée, sensément ré-
pondit :

— Asseyez-vous, fils adoptifs, pour vous restaurer ;
Kostantas est à l'étranger et j'attends son retour.

Elle n'avait pas fini ces mots, elle n'avait pas fini
de dire, et voilà que Kostantas apparaît dans la
plaine. Il tient le dragon par l'oreille, le lion par la
dent, les petits dragonnaux suspendus à sa selle, et
le citronnier avec ses racines, pour se préserver du
soleil. A sa vue les fils adoptifs frissonnent de mille
frissons ; sans mal de tête la tête leur est dolente.

— Prends-nous un peu en patience, un peu en at-
tente, que la lumière revienne à nos yeux, que nous
retrouvions nos esprits et ressaisissions nos mem-
bres, afin de te dire deux mots.

Il les prend un peu en patience, un peu en attente,
la lumière revient à leurs yeux, ils retrouvent leurs
esprits, ils ressaisissent leurs membres et lui disent
deux mots :

— Allons, viens, Kostantas, le roi te veut.

— Que me veut le roi et quel est son bon plaisir?
Si c'est pour la danse, je prendrai mes vêtements
de rechange; si c'est pour la bataille, je prendrai
mes armes.

— Allons, viens, Kostantas, quoi qu'il te veuille,
allons.

Il entra et mit les vêtements qui lui allaient, ni
longs, ni courts, juste à sa taille. En-dessous il mit
des vêtements d'or, en-dessus des vêtements cris-
tallins, puis une casaque toute d'or qui recouvrit le

tout. Ayant mis ces vêtements, il ceignit son épée et il se rendit à l'écurie, là où il avait ses chevaux. Il ne prit ni son moreau, ni son grison, mais celui qui avait des genoux noirs, le briseur de pierres, celui qui, ne trouvant pas à manger, pouvait dé-truire une ville.

Kostantas saute à cheval et s'en va. Près du fleuve Euphrate, il voit un Sarrasin.

— Bonne te soit l'heure, Sarrasin, dans tes bravoures, dans tes hauts faits, dans tes exploits. J'ai besoin d'un peu de ton eau, pour boire, moi et mon cheval.

Kostantas lui demanda de l'eau, le Sarrasin lui donna des coups de massue. A la suite de ces coups ils en vinrent aux mains; trois jours et trois nuits ils combattirent. Au bout du troisième jour apparaît Andronic, il descend vers eux :

— Je t'admire, Kostantas, dans tes bravoures, dans tes hauts faits, dans tes exploits; quel est donc ce fantôme, qui s'est collé à toi?

Kostantas lui répliqua :

— Dis-moi, que faut-il en faire?

— Par terre à droite serre-le, par terre à droite frappe-le.

Il fit ce qu'il lui disait, ce qu'il lui recommandait. Par terre à droite il le serra, par terre à droite il le frappa, et du choc que fit le coup, le sol retentit dans ses profondeurs et le trône du roi trembla et

vacilla. Les mercenaires du roi alors se prirent à
lui dire :

— Quelque part il éclaire, quelque part il tonne,
quelque part il tombe de la grêle, quelque part
Dieu a voulu perdre le monde.

Mais le roi répliqua à ses gens : « Nulle part il
n'éclaire, nulle part il ne tonne, nulle part il ne
tombe de la grêle, nulle part Dieu n'a voulu perdre
le monde, mais c'est un coup de massue de Kos-
tantas ; malheur à qui l'a gobé!... »

Kostantas saute à cheval et se remet en marche.
Le roi en le voyant se leva pour le recevoir, lui
apporta un siège d'or et le fit asseoir près de lui. Ils
chargent leurs tchibouks et prennent leur café, puis
commencent à parler de leurs bravoures, de leurs
hauts faits, de leurs exploits.

Kostantas ensuite eut l'idée de sortir pour se pro-
mener; la reine l'aperçut et se prit à l'aimer, mais
lui ne la voulut pas et elle en conçut du dépit. Et
voilà que la reine va chez le roi :

— Quel est (dit-elle) ce fantôme que tu as amené à
ta cour? Veux-tu qu'aujourd'hui ou demain il te
prenne l'honneur ?

— Va ton chemin, reine, Kostantas est sage, plus
sage que ton propre fils.

La reine se retira et alla sur son trône, elle prit
les ciseaux de bronze, coupa sa natte et se rendit
chez le roi :

— Kostantas est venu pour me ravir l'honneur, je n'ai pas consenti et il a coupé ma natte.

A cette vue, le roi fut fort irrité ; il appela ses mercenaires, pour charger Kostantas de fers. On le prend, on le charge de grands fers, de lourdes chaînes de bronze. Il étend les bras et glorifie le Seigneur :

— Si je suis ta créature, Christ mon Dieu, exauce-moi. Fais tomber une feuille de papier et deux gouttes d'encre, que j'écrive deux mots et les envoie à Andronic.

Dieu l'exauça, il fit tomber une feuille de papier et deux gouttes d'encre, et Kostantas écrivit deux mots qu'il envoya à Andronic.

A cette vue, Andronic entra dans un violent courroux. On lui apporta son repas, il le jeta aux chiens, sauta sur son cheval et se mit en route. En approchant d'eux, son cheval hennit et à sa voix le sol résonna dans ses profondeurs, le trône du roi trembla et vacilla. Les mercenaires du roi alors se prirent à lui dire :

— Quelque part il éclaire, quelque part il tonne, quelque part il tombe de la grêle, quelque part Dieu a voulu perdre le monde.

Mais le roi répliqua : « Nulle part il n'éclaire, nulle part il ne tonne, nulle part il ne tombe de la grêle, nulle part Dieu n'a voulu perdre le monde, c'est seulement Andronic qui descend contre nous. Sortez Kostantas, qu'il aille au-devant de lui et, par ses yeux, par sa lumière qu'il arrête son courroux ! »

On sortit Kostantas, il alla à sa rencontre. A sa vue, Andronic lui fait un geste de mépris (1).

Kostantas lui réplique :

— Ils m'ont trouvé sans armes et ils ont fait de moi ce qu'ils ont voulu.

Tous deux rapprochent leurs chevaux, tous deux rapprochent les brides, saisissent leur lances pointues, entrent dans la ville, la labourent, la relabourent et y sèment des pois chiches.

Vie et années à vous tous qui écoutez. Celui qui m'a appris cette chanson est tenu pour « poète ». A lui, souhaitons la béatitude ; pour moi, les remerciements. — (Les assistants :) Merci à toi.

Le texte qu'on vient de lire a les défauts de beaucoup de chansons populaires : il n'est pas homogène, des éléments étrangers en ont corrompu la pureté première ; des phrases, des thèmes appartenant à d'autres chansons s'y sont peu à peu mêlés. Il serait relativement aisé d'en opérer le partage, mais ce qui seulement importe ici, c'est de constater que nous sommes en présence d'un fonds épique : les exploits d'An-

---

(1) Τὰ δέκατα τοῦ βάλλει, c'est-à-dire « il lui présente les dix doigts étendus », il lui fait le geste de la μοῦντζα.

dronic et de son fils Constantin, le grand-père et
l'oncle de Digénis Akritas.

Dans notre seconde chanson, qui a été recueillie
dans le Pont, et où les Sarrasins ont été rempla-
cés par les Turcs, nous allons retrouver Andro-
nic, son fils Xanthinos (Constantin, dans d'autres
versions) et un autre fils encore, élevé en escla-
vage, car la propre femme d'Andronic, comme
plus tard sa fille, aurait été ravie par un émir. Ce
fils, dont le nom n'est pas donné dans notre ver-
sion, est appelé ailleurs Porphyre.

LES FILS D'ANDRONIC (1)

Les Turcs, lorsqu'ils razziaient la Ville (2), la
Romanie, pillaient les églises, prenaient les icônes,
prenaient des croix d'or, des vases d'argent. Ils
prirent aussi ma mère, qui était grosse de moi (3).
Dans les chaînes elle eut les douleurs, prisonnière
elle m'enfanta ; elle alla me mettre au monde sur

---

(1) Triantaphyllidis, *Les fugitifs*, p. 22-23. Pernot, *Anthologie
de la Grèce moderne*, Paris, 1910, p. 25 et suiv.

(2) Ordinairement Constantinople ; ici peut-être Trébizonde.

(3) C'est abusivement que le début de cette chanson a été mis
à la première personne. Il devrait être à la troisième, comme
c'est le cas pour la suite.

l'escalier de l'émir Ali. Ce fut là qu'elle me nourrit, de miel, de lait et de viande d'agneau. Ouvertement elle me dorlotait, secrètement elle me **recommandait** :

— Mon fils, si tu vis et grandis, fuis-t'en en Romanie ; là est ton père **Andronic, ton bon frère** Xanthinos.

Le prisonnier grandit, il grandit et s'arma, prit son sabre léger et sa lance hellénique. Le prisonnier se prépara et, sur sa route de douleur :

. — Chères étoiles, abaissez-vous ; ô ma lune, viens en bas ; et montrez-moi le chemin qui mène en Romanie.

Les étoiles s'abaissèrent, la lune vint en bas ; elles lui montrèrent le chemin qui menait en Romanie.

Il rencontra père et fils au carrefour (1) ; le père dormait, le fils était éveillé. Il passa et lui souhaita le bonjour ; de bonjour il ne reçut pas. Ils tirèrent leurs sabres pour s'entrefrapper ; les sabres se brisèrent et ils ne s'entrefrappèrent pas. Ils saisirent leurs lances pour s'entrefrapper ; les lances se brisèrent et ils ne s'entrefrappèrent pas. Ils se **rapprochèrent** et se frappèrent avec les poings.

Au bruit des poings, le père s'éveilla.

— Mon fils, personne (encore) ne t'a touché, et

---

(1) C'est-à-dire son père Andronic et son frère Xanthinos.

celui-ci t'entreprend! Arrête, que nous lui deman-
dions d'où sont ses parents.

— Par Dieu, par Dieu, prisonnier, d'où sont tes
parents?

— Ne sais-tu pas, quand on razziait la Ville, la
Romanie? On pillait les églises, on prenait les
icônes, on prenait des croix d'or, des vases d'argent;
on prit aussi ma mère, qui était grosse de moi; elle
alla me mettre au monde sur l'escalier de l'émir Ali.

— J'étais jeune, j'ai vieilli, il me manquait un
couple d'éperviers, et maintenant dans ma vieil-
lesse un couple d'éperviers m'est venu.

Dans sa grande joie, dans son allégresse, ses
larmes tombaient comme la grêle de mai. Il se
tourna vers l'orient et se prosterna trois fois :

— Christ, si une armée descendait là-bas, ni grande
ni petite, neuf milliers d'hommes, que je pusse
prendre mes éperviers et frapper çà et là!

Il n'avait pas fini de parler qu'une armée descendit,
ni grande ni petite, neuf milliers d'hommes.

Là où frappe Xanthinos, le sang jusqu'à la taille;
là où frappe le prisonnier, le sang jusqu'au cou.

— Arrière, arrière, émir Ali (1), de peur que je ne te
frappe! Mes yeux se troublent, mon sabre fume. Si
je frappe et que je te tue, on m'appellera meurtrier.

(1) L'armée en question est celle de l'émir et, dans la
mêlée, celui-ci se trouve aux prises avec le fils d'Andronic,
qui a grandi dans son palais.

Si je ne frappe pas et que je ne te tue pas, on dira
que j'ai eu peur. Je préfère ne pas te tuer, et qu'on
dise que j'ai eu peur.

Le premier livre du poème d'Akritas se ter-
mine, avons-nous dit, au moment où les frères
ont retrouvé leur sœur et où l'émir s'est engagé
à se faire chrétien, pour pouvoir l'épouser. La
jeune fille, ses frères, l'émir et toute sa suite
reviennent en pays grec. Le mariage s'y fait au
milieu de l'allégresse générale et de cette union
naît un fils qu'on appelle Basile Digénis, c'est-à-
dire Basile né de deux races (δι-γενής).

Cependant la mère de l'émir n'avait pas sup-
porté sans une grande amertume le départ de son
fils pour un pays étranger, ni surtout l'abandon
par lui de la religion mahométane. Elle lui
adressa la lettre que voici :

O mon enfant bien-aimé, comment as-tu oublié
ta mère ? Tu as aveuglé mes yeux, tu as éteint ma
lumière. Comment as-tu renoncé à tes parents, à ta
foi, à ta patrie, pour devenir un objet d'opprobre
dans toute la Syrie ? Tout le monde nous exècre
pour avoir renié notre croyance, transgressé la loi,
mal observé les préceptes du prophète.

Que t'est-il arrivé, mon enfant, comment les as-tu
oubliés ? Comment ne t'es-tu pas rappelé les actions
de ton père, combien de Grecs il a égorgés, combien
il en a ramenés esclaves ? N'a-t-il pas rempli les pri-
sons de stratèges et de gouverneurs, ravagé de nom-
breux thèmes de la Romanie, amené comme prison-
nières de belles filles nobles ? S'est-il laissé comme
toi séduire au point d'apostasier ? Quand l'environ-
nèrent les armées grecques, les généraux lui juraient
par d'effroyables serments que l'empereur l'hono-
rerait du titre de patrice, qu'il deviendrait premier
écuyer, s'il jetait son épée. Mais lui, fidèle aux pré-
ceptes du Prophète, méprisa les honneurs, dédaigna
les richesses et se fit hacher en morceaux, sans jeter
son épée. Et toi, n'y étant pas contraint, tu as d'un
coup tout abandonné, ta foi, tes parents et ta mère
elle-même.

Mon frère et ton oncle, le moursi Karoïs, fit une
expédition au rivage de Smyrne, ravagea Ancyre,
la ville d'Abydos, l'Afrique, la Térente, l'Hexakomie
et, ces contrées soumises, il revint en Syrie. Et toi,
infortuné, tu as fait une expédition, et quand tu
allais être glorifié par toute la Syrie, tu as tout
perdu pour l'amour d'une étrangère et tu es devenu
un être maudit dans chaque mosquée. Si tu ne
viens pas en Syrie et ne te présentes pas vite, les
émirs se proposent de me jeter au fleuve, d'égorger
tes fils comme ceux d'un père apostat, et de remettre

à d'autres tes charmantes filles, qui sont impatientes
et soupirent après toi.

O mon très doux enfant, aie pitié de ta mère, ne
précipite pas à force de chagrins ma vieillesse dans
l'Hadès, ne souffre pas que tes fils soient injuste-
ment mis à mort, songe aux larmes de tes char-
mantes filles, pour que le Dieu tout puissant ne te
supprime pas du monde. Je t'ai envoyé, comme tu
vois, des cavales de choix; monte la baie, prends en
main la noire, que l'alezane suive, et nul ne pourra
te rejoindre. Prends aussi ta Grecque, si tu as du
regret d'elle. Mais si tu me désobéis, tu seras mau-
dit.

La missive en question est remise à l'émir et
fait pénétrer le trouble dans son cœur. Vient
alors une série d'épisodes sur lesquels nous n'in-
sisterons pas : douleur de la jeune femme, qui
apprend le départ prochain de son mari, cour-
roux des frères, et enfin réconciliation générale,
sur la promesse de l'émir qu'il reviendra, et le
plus vite possible. Il part, voyage en effet en
grande hâte, envoie chaque jour des lettres à sa
bien-aimée et arrive enfin au château d'Édesse,
où se trouve sa mère. Ici les différentes versions
varient pour le détail, mais elles sont d'accord
dans leur ensemble : aux croyances musulmanes

que lui rappelle sa mère, l'émir répond par une profession de foi chrétienne, dont le résultat immédiat est la conversion de celle-ci et de tout son entourage. Copistes et remanieurs entraient ainsi sur leur terrain de prédilection, ils s'y sont complaisamment arrêtés et chacun d'eux y a travaillé à sa guise. On verra plus loin que cet élément chrétien a quelque importance dans l'historique de la tradition akritique.

Le retour est décidé. Ramenant avec lui sa mère, précédé de riches présents, accompagné d'une magnifique escorte, l'émir arrive aux frontières de la Cappadoce où demeure sa bien-aimée. Qui annoncera ce retour à la jeune femme et recevra les συγχαρίκια, le « cadeau de félicitations », celui qu'on-fait au porteur d'une bonne nouvelle? Ce sera l'émir lui-même, qui ne veut être devancé par personne, de peur de paraître manquer de zèle envers sa belle.

Il change aussitôt d'équipement, pour se vêtir à la grecque. Il met un dessus de cuirasse merveilleux, un turban blanc et or, monte sur une mule baie, au front étoilé, arrive devant sa maison, et s'annonce, en chantant ce distique :

Ma colombe charmante, accueille ton épervier — et console-le de son séjour à l'étranger.

Les suivantes courent à la fenêtre et s'empressent d'avertir leur maîtresse, qui doute d'abord, car quiconque voit subitement réalisé l'objet de ses vœux, s'imagine dans son allégresse être le jouet d'un songe. Mais l'émir se présente en personne, ils s'enlacent étroitement et, dit le poète, si la belle-mère ne les eût aspergés d'eau, ils seraient tous deux tombés à terre évanouis; souvent en effet l'excès d'amour est cause d'accidents de ce genre et une trop grande joie peut conduire à la mort.

III

Livre IV. — Enfances de Digénis. — Il enlève sa belle. — Le mariage de Digénis. — Digénis aux frontières.

Les auteurs de romans byzantins ne composent pas pour les lecteurs impatients ou pressés. Nous arrivons seulement maintenant au sujet véritable de notre poème : la vie et les exploits de Digénis Akritas. Nous sommes au livre IV et ce livre débute presque comme s'il s'agissait d'un *poème* nouveau. L'auteur célèbre la puissance de l'amour et rappelle brièvement les événements de la vie de l'émir qui viennent d'être contés, de sorte que, si l'on partait de ce principe que le Digénis a été composé suivant les règles habi-tuelles, force serait presque d'admettre qu'il y a eu d'abord un poème relatif à Digénis lui-même, qu'à ce poème est venu s'en ajouter un autre relatif à son père, et qu'à celui-ci encore, mais dans certaines versions seulement, — ce qui nous a autorisé à le passer précédemment sous silence — s'en est ajouté un troisième, plus court, relatif au grand-père maternel du héros principal. Mais jusqu'à quel point sommes-nous fondés à appliquer ici le principe en question, c'est ce qu'il est présentement difficile d'établir avec cer-titude et, tant que d'autres manuscrits ne nous apporteront pas à ce sujet un complément d'in-formations, il sera sage, semble-t-il, d'accepter comme valable, tout au moins ce que nous donne l'ensemble de nos versions.

Ce quatrième livre renferme les « enfances » et le mariage de Digénis. On y voit comment Digénis, après avoir reçu les leçons d'un pro-fesseur et cultivé d'abord son intelligence, s'exerce à la lutte, puis à la chasse ; comment, dans une partie de chasse, où il accompagne l'émir son père et son oncle Constantin, successivement

terrasse deux ours, attrape une biche à la course,
la saisit par les pattes de derrière et la fend en deux
parts, tue un lion, et enfin, suivant certaines ver-
sions, se mesure pour la première fois contre les
apélates de Philopappos. C'était un admirable jou-
venceau. Il avait une chevelure blonde et bouclée,
de grands yeux, un visage blanc et rose, des
sourcils très noirs, une poitrine comme du cris-
tal, large d'une brasse.

L'amour, à la puissance duquel notre auteur a
fait une allusion au début de ce livre, ne devait
pas tarder à pénétrer dans le cœur d'un adoles-
cent si impétueux. Un jour qu'en revenant de la
chasse Digénis approchait de la maison d'un
célèbre stratège, subitement et au grand éton-
nement de sa suite, il se mit à chanter :

Quand un jeune homme aime une belle jeune fille — et
que, passant près de là, il n'aperçoit pas ses charmes, —
son pauvre cœur est oppressé, il n'a plus de joie à la vie.

C'est là ce qu'on appelle aujourd'hui une
πινάδα, étymologiquement une « aubade », du
vénitien *matinada*, en réalité une sérénade, et
est — tous ceux qui ont vécu dans les villages
nos le savent — la façon la plus habituelle en-
re dont les jeunes gens y déclarent leur amour.

Je souhaite bonne nuit à quelqu'un dont je ne dis pa
le nom, — car, si je pense à ce nom, mes yeux se trou
blent et pleurent.

chantent de même aujourd'hui sous les fenêtres
de leur belle les amoureux timides.

On prétend que les jeunes Grecques ne sont
pas insensibles à des poésies ainsi dites, et le
roman de Digénis justifie cette rumeur : la jou-
vencelle à qui s'adresse Digénis s'approche en
cachette de la fenêtre et, assure le poète,

Un amour passionné s'alluma en elle — et par les yeux
il coula dans son âme.

L'amour suit encore à peu près de nos jours le
même chemin :

Il se prend par les yeux, il descend aux lèvres — et des
lèvres il va au cœur, où profondément il s'enracine.

Après une scène dont, dans aucune de nos
versions, les details ne se présentent d'une façon
tout à fait satisfaisante, Digénis part, en empor-
tant la certitude qu'il est aimé de la jeune fille.
Rentré chez lui, il manque d'appétit, il demande
à Dieu de hâter le coucher du soleil et le lever de
la lune, et il recommande à son palefrenier de
tenir prêt son cheval noir, de lui mettre deux san

gles et deux pectoraux, de suspendre à la selle
son épée et sa massue, et de bien serrer le mors,
pour que la bête obéisse vite. En attendant, il
prend sa guitare, dont il jouait merveilleusement,
et il chante en s'accompagnant :

Celui qui aime tout près n'est pas privé de sommeil; —
celui qui aime au loin, qu'il ne se relâche pas la nuit.

Nous avons là une forme ancienne du distique
bien connu :

Celui qui aime dans le voisinage a bien de la joie, —
il y gagne du sommeil et fait des économies de souliers.

Bref, la nuit vient, Digénis se met en route, il
arrive à la maison de la jeune fille, s'entretient
longuement avec elle, ils échangent des serments
et « la perdrix prend son vol, le faucon la reçoit ».
Ainsi se trouve réalisé le souhait de l'émir qui,
à son retour de Syrie, disait en prenant son jeune
fils dans ses bras :

Quand donc, mon bon faucon, déploieras-tu tes ailes, —
poursuivras-tu les perdrix et soumettras-tu les brigands ?

Digénis est un pallikare; il ne se cache pas
pour agir et, au moment où il part avec celle
qu'il aime, il lance à son futur beau-père un dis-
que plein de raillerie :

Donne-moi ta bénédiction, seigneur beau-père, ainsi qu'à
ta fille, — et rends grâces à Dieu d'avoir un gendre pareil.

L'éveil est alors donné par les gardes; le stra-
tège, ses fils et une nombreuse troupe s'élancent
à la poursuite de Digénis ; le héros s'arrête, fait
asseoir la jeune fille sur un rocher profondément
enraciné, met la troupe en déroute, désarçonne
les frères, si bien que le vieux stratège glorifie en
effet le Seigneur de lui avoir accordé un gendre
comme celui-là. Il propose à Digénis de revenir
au palais pour prendre la dot de la jeune fille ;
celui-ci s'y refuse en déclarant que ce n'est pas
la richesse qu'il a recherchée, mais la beauté ; il
part avec la jouvencelle ; leurs noces se font en
grande pompe et durent trois mois.

C'est là d'ailleurs le troisième enlèvement dans
la famille de Digénis ; les deux précédents ont été
ceux de sa mère et de sa grand'mère.

Une chanson populaire chypriote, publiée par
Sakellarios, au tome II de ses *Kypriaka* (Athènes,
1891), pag. 14-16, et traduite par Sathas et Le-
grand, pag. LIV-LVI des *Exploits de Digénis Akritas*,
relate elle aussi cet épisode, et l'on va voir qu'en-
tre autres analogies avec le poème on y retrouve
jusqu'à la mention de la pierre sur laquelle Digénis
place sa bien-aimée pour qu'elle assiste au combat.

LE MARIAGE DE DIGÉNIS

Trois seigneurs s'étaient assis pour manger et boire. N'ayant pas de sujet de conversation, ils commencent à faire un récit. L'un parle d'épée, l'autre de lance, le troisième, le meilleur, parle de palais :

— J'ai parcouru beaucoup de palais ; ils sont nombreux les palais que j'ai vus, mais comme le palais d'Aliandre je n'en ai vu aucun. Les portes sont en marqueterie, les murs revêtus de bois ouvré, et du cintre des fenêtres pend le métal précieux, et sur le métal précieux est une jeune fille irritée : on l'a prise et on l'a donnée à Jean pour fiancée. Ce n'est pas à Jean qu'elle convient, c'est à Digénis qu'elle convient.

Et Digénis au dehors se tient et écoute ; il donne un coup de pied à la porte, et de dehors où il était se trouve dedans. A sa vue les seigneurs se lèvent pour le recevoir.

— Bienvenu soit Digénis pour manger et boire avec nous.

— Digénis n'est pas venu ici pour manger et boire avec vous. Vous étiez assis trois seigneurs pour manger et boire et, n'ayant pas de sujet de conversation, vous avez commencé un récit.

N'ayant pas de conversation, nous avons commencé un récit. L'un parle d'épée, l'autre de lance, le troisième, le meilleur, parle de palais : « J'ai parcouru beaucoup de palais ; ils sont nombreux les palais que j'ai vus, mais comme le palais d'Aliandre je n'en ai vu aucun. Les portes sont en marqueterie, les murs revêtus de bois ouvré, et du ceintre des fenêtres pend le métal précieux, et sur le métal précieux est une jeune fille irritée : on l'a prise et on l'a donnée à Jean pour fiancée. Ce n'est pas à Jean qu'elle convient, mais c'est à ta seigneurie.

Un coup d'éperon à son moreau et il va chez Chiliopappos (1). Lorsque celui-ci aperçut Digénis, il se leva pour le recevoir.

— Bienvenu soit Digénis, pour manger et boire avec nous.

— Digénis n'est pas venu ici manger et boire avec toi, mais Digénis est venu pour que tu ailles négocier son mariage.

— Mes vêtements sont sales, mes armes se sont rouillées et mon moreau boite, je ne puis aller négocier ton mariage ».

Et Digénis répond à Chiliopappos et lui dit :

— Si tes vêtements sont sales, je te donne les miens ; si tes armes se sont rouillées, je te donne mes armes ; si ton moreau boite, je te donne mon moreau, et, encore une fois, Chiliopappos, va négocier mon mariage.

Chiliopappos se déshabille, il prend les vêtements

(1) Variante de *Philopappos*.

de Digénis, il ceint ses armes, il s'élance et chevauche son magnifique moreau. Un coup d'éperon à son moreau, et il va chez Aliandre. Lorsque les seigneurs l'aperçurent, ils se levèrent pour le recevoir.

— Sois le bienvenu, Chiliopappos, pour manger et boire avec nous, manger les meilleurs morceaux du lièvre, manger de la perdrix rôtie, manger des oignons sauvages, ce mets des braves, boire du vin, de doux vin, à la santé du couple.

— Chiliopappos, n'est pas venu ici pour manger et boire avec vous, manger les meilleurs morceaux du lièvre, manger de la perdrix rôtie, manger des oignons sauvages, ce mets des braves, boire du vin, de doux vin, à la santé du couple. C'est Digénis qui m'a envoyé négocier son mariage.

Et la mère de la jouvencelle répond ; elle dit cette parole :

— La mère de Digénis est Sarrasine, son père est Juif, et lui c'est un aventurier, je ne le veux pas pour gendre.

Et le père de la jouvencelle répond, il dit cette parole :

— La mère qui a mis au monde ma fille en mettra d'autres au monde ; le père qui l'a engendrée en engendrera d'autres ; moi je prendrai Digénis pour gendre.

Un coup d'éperon de Chiliopappos, et il va chez Digénis. Et quand Digénis le vit, il entra dans une grande joie.

— Sois le bienvenu, Chiliopappos, avec les bonnes nouvelles.

— Bienvenu soit Chiliopappos, mais avec les mauvaises nouvelles. Quand les seigneurs m'ont aperçu, ils se sont levés pour me recevoir. « Bienvenu soit Chiliopappos, pour manger et boire avec nous (*etc.*, *comme précédemment*).

Et là à terre Digénis s'irrita et se courrouça :

— Descends du moreau, Chiliopappos. Tu as sali mes vêtements, tu as rouillé mes armes, fait boiter mon moreau, et maintenant que vais-je faire?

Il se déshabille, remet ses vêtements, ceint ses armes, s'élance et chevauche son magnifique moreau.

— Attends-moi, Digénis, que je te donne un conseil. Prends ce chemin, prends ce sentier; le sentier te mènera là-haut sur la colline. Là il y a de beaux pins, coupes-en un, assieds-toi, taille dedans un bon violon, joues-en doucement et doucement chante, et tous les oiseaux du ciel iront avec toi. Et la jeune fille sera dupe de ce stratagème, elle se mettra à la fenêtre, et si tu es brave et audacieux, tu l'enlèves et tu fuis.

Digénis fait comme il lui avait dit, comme il lui avait recommandé. Il prend le chemin, il prend le sentier (*etc.*, *comme précédemment*), et Digénis, qui était brave, l'enlève et s'enfuit. Les uns saisissent leurs coutelas, les autres leurs épées (pour les poursuivre).

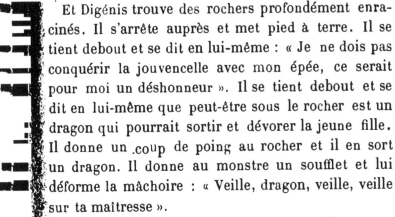

Et Digénis trouve des rochers profondément enracinés. Il s'arrête auprès et met pied à terre. Il se tient debout et se dit en lui-même : « Je ne dois pas conquérir la jouvencelle avec mon épée, ce serait pour moi un déshonneur ». Il se tient debout et se dit en lui-même que peut-être sous le rocher est un dragon qui pourrait sortir et dévorer la jeune fille. Il donne un coup de poing au rocher et il en sort un dragon. Il donne au monstre un soufflet et lui déforme la mâchoire : « Veille, dragon, veille, veille sur ta maîtresse ».

Un coup d'éperon à son moreau, et il va chez Aliandre... A un demi-tour de son cheval, il rencontre sa belle-mère (qui lui dit) :

— Attends, mon cher gendre, pour prendre la dot de ma fille.

— Sans dot je la voulais, sans dot je la prends. La mère de Digénis était Sarrasine, son père est Juif, et lui c'est un aventurier, je ne le veux pas pour gendre (1).

Et Digénis lui donne un coup de sabre et lui tranche la tête.

A un demi-tour de son cheval, il rencontre son beau-père (qui lui dit) :

— Attends, mon cher gendre, pour prendre la dot de ma fille.

(1) Digénis reproche à la belle-mère les paroles qu'elle a dites

— Sans dot je la voulais, sans dot je la prends. La mère qui a mis au monde ma fille en mettra d'autres au monde; le père qui l'a engendrée en engendrera d'autres; moi je prendrai Digénis pour gendre (*La fin manque*).

Après la célébration de son mariage, Digénis emmena avec lui sa belle et ses braves et se rendit aux confins de l'empire. Il faisait des courses dans les défilés et sur les frontières (ἄκραι), c'est pourquoi on lui donna le surnom d'Akritas. Il vivait là un peu en hypochondre, seul dans une tente avec sa femme (les autres tentes étaient éloignées de la leur), défendant à qui que ce fût de l'approcher et se nourrissant de gibier. De cette hypochondrie de Digénis une autre preuve nous est donnée à la fin même du quatrième livre, quand l'empereur Romanos, au bruit de ses exploits, l'invite à lui rendre visite et que Digénis lui répond :

Seigneur, je suis ton esclave; et si, comme tu l'as écrit, tu désires voir ton humble serviteur, prends avec toi quelques personnes et viens sur le bord de l'Euphrate. Là tu me verras, sire, quand tu le jugeras bon. Et ne crois pas que ce soit par désobéissance que je ne me rends pas vers toi. Mais tu possèdes quelques soldats inexpérimentés, et si certains

d'entre eux disaient ce qu'il ne faut pas, certaine-
ment je te priverais d'eux ; car ce sont là des choses
qui arrivent, quand on est jeune.

L'empereur se rend à cette étrange invitation,
il voit sur place les prouesses de Digénis Akritas
et s'en retourne, heureux de compter parmi ses
sujets un tel champion.

IV

Livres V et VI ou *Gab* de Digénis. — Histoire de la fille
d'Haplorravdis. — Akrites et Apélates. — *Yanis et sa
belle*. — Combat de Digénis et de Maximon.

Avec les livres V et VI, le poème prend subite-
ment une autre marche. Ce qu'on y trouve, ce
n'est pas la suite logique des exploits de Digénis,
mais seulement quelques-uns de ceux-ci, racon-
tés par le héros lui-même. Il y a là une anomalie
apparente, qui remonte à une vieille tradition,
puisqu'elle existe dans toutes les versions, voire
même dans certaines chansons populaires du
cycle akritique, et sur laquelle nous reviendrons
plus loin.

Le cinquième livre a pour thème l'aventure

amoureuse d'Akritas et de la fille d'Haplorravdis.
Digénis, marié, mais âgé seulement de quinze ans
suivant une tradition, de dix-huit ans suivant une
autre, avait pénétré en Syrie et chevauchait seul,
comme d'habitude. Altéré par la grande chaleur,
il se mit à la recherche d'une source et se diri-
gea vers un palmier qu'il apercevait au loin. En
s'approchant il entendit des gémissements et
découvrit dans cette solitude une jouvencelle
éplorée, qui lui conta son histoire. Durant trois ans,
l'émir Haplorravdis, son père, avait retenu en
captivité un jeune Grec, fils du général Antio-
chus. Éprise de lui et profitant d'une longue
absence de l'émir, elle avait, avec l'assentiment
de sa propre mère, délivré le prisonnier pour en
faire un prince de Syrie. Mais il avait voulu rega-
gner son pays et elle avait consenti à l'accom-
pagner, sur la promesse que jamais il ne l'aban-
donnerait et qu'il ferait d'elle sa femme. Profitant
d'une grave maladie de sa mère, elle s'était échap-
pée avec lui, en emportant beaucoup de richesses.
Leur fuite avait était facile ; ils étaient parvenus
jusqu'à cette source, où ils étaient demeurés
trois jours et trois nuits, en se donnant les preuves
d'un mutuel amour. Mais la troisième nuit, alors
qu'ils reposaient ensemble, le fourbe s'était levé

furtivement, avait sellé les chevaux et s'était
éloigné avec les richesses. C'était en vain qu'elle
l'avait poursuivi, rejoint et supplié de ne pas
la laisser dans ce désert ; il était resté sourd à
ses plaintes et avait disparu. Depuis dix jours elle
n'avait aperçu en ces lieux qu'un vieillard ; il
allait en Arabie pour délivrer son fils captif et il
lui avait dit qu'un jeune homme, dont le signale-
ment répondait exactement à celui du séducteur,
avait été arrêté par le brigand Mousour, qui l'eût
infailliblement tué, si Akritas ne s'était trouvé là.

Sur ces entrefaites des Arabes se présentent
inopinément. Digénis les met en fuite. A la bra-
voure dont il fait preuve, la jeune fille reconnaît
le valeureux Akritas. C'est bien lui en effet qui a
tué Mousour et sauvé celui qu'elle aime encore. Il
lui propose de se faire chrétienne et il la réunira,
dit-il, à son amant. Comme elle lui apprend qu'elle
est déjà baptisée, il part avec elle pour Chalkour-
gia ; mais bientôt les insinuations du Malin ont
raison de Digénis et « la route est souillée d'un
méfait ».

Cependant ils arrivent à Chalkourgia, où Akri-
tas savait qu'il trouverait le jeune Grec. Il lui fait
promettre, sous menace de mort, d'épouser la jou-
vencelle et de ne plus l'abandonner ; il conte à

tous la façon dont il a arraché celle-ci aux Ara-
bes, et, pour ne donner au jeune homme aucun
prétexte de scandale, il a soin de cacher ce
qu'il ne convenait pas de dire. Après quoi, lui-
même retourne vers sa belle, la conscience peu
tranquille, et il se hâte de faire lever le camp.

« De tous les mois, dit l'auteur au début du
sixième livre, Mai est le roi. Il est le très char-
mant ornement de toute la terre, l'œil de toutes
les plantes, l'éclat des fleurs, l'érubescence des
prés et leur beauté étincelante ; il respire merveil-
leusement l'amour, il incite aux plaisirs d'Aphro-
dite ; il fait de la terre même la rivale du ciel, en
l'embellissant de fleurs, de roses et de narcisses. »
C'est ce doux mois que choisit Digénis pour aller
planter sa tente dans une plaine magnifique, bien
arrosée, avec un bois peuplé d'une multitude d'oi-
seaux. La beauté de la noble jouvencelle qu'il
avait pour femme surpassait en éclat celle des
paons et des fleurs ; son visage avait la couleur
du narcisse ; ses joues étaient comme des roses
épanouies, ses lèvres faisaient songer à une tendre
fleur, quand commence à s'ouvrir son calice ; des
boucles d'or ombrageaient ses sourcils. Autour de
leur lit brûlaient toutes sortes de parfums. Digé-

nis et sa belle passaient agréablement leur temps
dans ce séjour délicieux.

Divers événements vinrent pourtant y troubler
leur repos : d'abord l'apparition d'un dragon et
d'un lion, dont le héros triompha aisément, puis
les incursions des apélates.

On a vu précédemment que Digénis avait été
surnommé Akritas, l'akrite. Les fonctions des
akrites sont nettement déterminées dans un traité
de l'art militaire attribué à Nicéphore Phocas : ils
ont pour mission « par tout moyen, disposition et
zèle vigilant, de travailler et de lutter pour que
par eux les pays grecs soient gardés saufs des in-
cursions ennemies ». Ils étaient donc chargés de
protéger les frontières, les « marches »; c'étaient
des sortes de marquis, de margraves, et à ce titre
ils ressemblaient aux armatoles qu'a connus la
Grèce sous la domination vénitienne et jusqu'à la
guerre de l'Indépendance. Les apélates au con-
traire avaient plus d'analogie avec les kleftes.
Eux aussi étaient théoriquement des défenseurs
de l'empire, mais ils formaient des bandes d'irré-
guliers qui souvent se souciaient peu des fron-
tières et pillaient les pays amis aussi bien que les
autres. Le mot ἀπελάτης vient de ἀπελαύνω ; les
apélates étaient à l'origine ceux qui enlevaient

les troupeaux d'autrui, τὰς ἀλλοτρίας ἀγέλας ἀπελαύνοντες ; dans notre poème, leur camp, leur λημέρι, est appelé λησταρχεῖον « repaire de brigands ».

Le récit des luttes d'Akritas contre les apélates, dont le chef est Philopappos, nous transporte en pleine épopée; ce sont tantôt des corps à corps, tantôt des combats de Digénis contre des troupes entières. Toujours le héros est vainqueur, sauf une fois, où il est frappé par un apélate du nom d'Ankylas et privé de sa massue. Il souffre de cet affront pendant une année et finit par en tirer une éclatante vengeance, en tuant son adversaire dans un combat singulier.

Le poème nous parle de tentatives faites par les apélates pour enlever la femme de Digénis, mais nulle part il ne nous dit qu'elles aient été couronnées de succès. Dans les chansons populaires au contraire cet enlèvement est représenté comme un fait accompli. Nombreuses sont les versions qui rapportent l'événement, et nous prenons à dessein la suivante, non parmi celles qui paraissent avoir le mieux conservé la tradition première, mais parmi celles qui n'en sont plus qu'une sorte d'écho, afin de montrer aussi ce que peuvent devenir les chansons de ce genre en passant de bouche en bouche. N'était l'existence de variantes, se douterait à peine qu'on est ici en présence d'une chanson akritique.

VANIS ET SA BELLE

Yanakis s'est mis à labourer; il sème du blé pour sa nourriture, de l'orge pour ses chevaux. Des oiseaux passent par là et saluent Yanis :

— Yanis, tu sèmes et tu te réjouis, tu moissonnes et tu fais le fier, mais des corsaires sarrasins se sont emparés de ta Belle.

— Christ, s'ils l'ont prise, pourvu qu'ils ne l'aient pas tuée ! J'ai dix-huit chevaux qui pourront me la ramener.

Il détèle ses bœufs et va au village; il prend sa cavache et va à ses écuries :

— Lequel de mes chevaux est prêt à faire un voyage, se rendre ce soir en Syrie, à s'y rendre et à en revenir?

Tous les chevaux qui l'entendirent pissèrent du sang, tous ceux qui le comprirent tombèrent crevés; mais un moreau, un vieux moreau de mille années, l'échine couverte de plaies :

— J'ai vieilli, mon Yanis, les voyages ne me vont plus, mais pour l'amour de ma maitresse je ferai encore ceci, car elle me donnait en secret de l'orge dans l'oublier, car elle m'abreuvait en secret dans sa

coupe d'argent. Ceins ta tête d'un mouchoir de
mille aunes, de peur que je ne butte sur une mon-
tagne, que je ne trébuche dans une vallée, que je
n'éparpille ta cervelle et ne l'écrase comme une
amande.

Ils s'en vont en Syrie. On était en train de la
marier.

— La Belle, qui donc vient là ? Est-ce ton mari ou ton
frère ?

— Ni mon mari, ni mon frère ; ce n'est personne
au monde.

— Bonjour, jeunes gens, bonne réussite.

— Prends la bouteille, la Belle, et sors pour lui
verser à boire.

La Belle prend la bouteille et sort pour lui verser
à boire.

— Tiens-toi à ma droite, jouvencelle, et verse-moi à
gauche.

Le cheval s'incline légèrement. Il la prend en
croupe. Le temps de dire : attrapez-le ! il avait franchi
un millier de milles. Le temps de dire : regardez-
le ! on avait perdu sa trace.

Ne pouvant, avec ses seuls apélates, venir à
bout de Digénis, Philopappos s'adresse à une
femme, « descendante de ces vaillantes amazones
que le roi Alexandre avait amenées du pays des
brahmanes ; elle possédait la très grande énergie

de sa race, la guerre était son existence et sa joie ».
On la nommait Maximon. Dans un premier enga-
gement, elle-même et ses compagnons sont vain-
cus, mais Digénis et elle décident de se mesurer
une fois encore en combat singulier.

Je me levai à l'aube ; je montai à cheval, et je
retournai dans la plaine, où je me tenais dans l'ex-
pectative. Le jour venait de paraître et le soleil dar-
dait ses rayons sur les sommets, quand Maximon,
seule, apparut dans le champ. Elle montait une cavale
noire et noble. Elle portait un dessus de cuirasse tout
en soie, couleur de castor, un petit turban vert semé
d'or, elle tenait un bouclier avec un aigle aux ailes
peintes, une lance arabe ; une épée pendait à sa
ceinture. Je m'empressai de me rendre à sa ren-
contre.

Nous étant approchés, nous échangeâmes un salut.
Ensuite, excitant nos chevaux, nous nous séparâmes ;
puis, après un petit temps de course par monts et
par vaux, nous nous frappâmes à la lance, sans
qu'aucun fût renversé. Nous étant aussitôt séparés,
nous tirâmes nos épées et nous fondîmes l'un sur
l'autre en frappant avec acharnement. Cependant je
me gardais, mes chers amis, de la mettre à mal, car
c'est un blâme pour un homme, non seulement de
tuer une femme, mais déjà d'engager le combat avec
elle. Maximou jouissait alors d'une grande réputation

de vaillance ; c'est pourquoi je n'eus pas honte de
lutter avec elle.

L'ayant frappée près des doigts de la main droite,
l'épée qu'elle tenait tomba à terre, et elle-même fut
prise de frayeur et d'une grande hésitation. Mais je lui
criai :

— Maximou, n'aie pas peur, j'ai compassion de ton
sexe et de la beauté dont tu es remplie ; mais pour
que tu saches par mes actes qui je suis, je te donne-
rai une preuve de ma force sur ton cheval.

Aussitôt je déchargeai un coup d'épée de haut en
bas sur les reins de l'animal et le fendis par le milieu.
Maximon bondit en arrière, tout épouvantée et s'écria
d'une voix entrecoupée :

— Aie pitié, mon maître, d'un méchant égarement
et, si tu ne le dédaignes pas, aimons-nous plutôt.

Ce qu'il en advint nous est conté en une tren-
taine de vers qui font défaut dans le manuscrit
de Grotta-Ferrata, un lecteur pudibond ayant ici
arraché un feuillet. Pour la seconde fois la femme
de Digénis pourrait se plaindre de son époux.
Quand celui-ci revient vers elle, il la couvre de
baisers, mais elle n'en est pas moins dévorée de
jalousie ; pour dissiper ces soupçons, Digénis
doit entreprendre une justification en règle et
appeler sa femme « ma pomme parfumée ».

On voit que, dans les livres V et VI, la conduite

de Digénis diffère sensiblement de ce qu'elle est
dans le reste du poème. On la qualifierait volontiers
de cynique, s'il ne s'agissait ici probablement d'un
gab d'Akritas, c'est-à-dire d'un de ces récits faits
après boire et où l'on se vantait d'exploits plus
ou moins imaginaires. Ce genre est fort ancien
dans la littérature occidentale (1), il nous est
furtivement apparu dans la chanson chypriote
traduite plus haut, p. 31, et son existence en
Grèce nous est formellement attestée par nombre
d'autres chansons populaires :

Des seigneurs mangent et boivent, ils mangent et
se récréent. Tout en mangeant et en buvant ils en-
tament une conversation ; une conversation, une
comparaison ; ils parlent de faits d'armes ; de faits
d'armes, de mariages et de jolies filles.

V

Livres VII et VIII. — Palais de Digénis. — Fin de ses
parents. — Son trépas. — *La mort de Digénis.*

Avec le livre VII la narration reprend son
cours normal ; ce n'est plus le héros qui raconte

(1) Jeanroy, *Les origines de la poésie lyrique en France au
moyen âge, Paris,* 1889, p. 17 sq.

lui-même ses prouesses, mais le poète qui con-
tinne son récit.

Basile Digénis, le merveilleux akrite, le rejeton
charmant et tout en fleur de la Cappadoce, la cou-
ronne de la vaillance, la source de l'audace, le jeune
homme agréable et beau entre tous, après avoir va-
leureusement soumis toutes les frontières, s'être em-
paré de beaucoup de villes et de provinces en rébel-
lion, eut l'idée d'habiter près de l'Euphrate. Il n'est
pas de fleuve plus beau que celui-là; il prend sa
source dans le paradis terrestre lui-même, c'est
pourquoi son eau a une douceur si parfumée et la
fraîcheur de la neige nouvellement fondue.

Akritas a détourné de cette eau et il a fait un
jardin magnifique. Un mur l'entoure, tout en
marbre poli. A l'intérieur le gazon pousse dru ;
des fleurs variées en rehaussent l'éclat. Dans les
arbres et sur l'eau de nombreux oiseaux, paons,
perroquets et cygnes, prennent leur ébats, les uns
nourris à la main, les autres libres dans leur vol.
Au milieu de ce séjour enchanteur se trouve le
palais du héros. La partie extérieure est vaste,
carrée, bâtie en pierres de taille, avec des colonnes
et des fenêtres dans le haut ; les plafonds sont
ornés de marbres précieux et le parvis est en

mosaïque. Cette première enceinte enferme une
autre construction à trois étages, avec de magni-
fiques chambres à coucher, dont les marbres sont
si artistement travaillés qu'on dirait une toile
finement tissée; on y marche sur de l'onyx pareil
à de l'eau congelée dans du pur cristal. De part
et d'autre, en annexe, sont des salles à manger où
l'on a représenté en mosaïque dorée tous les
guerriers illustres d'autrefois, l'histoire de Sam-
son, celle de David, des épisodes de la guerre de
Troie, Bellérophon tuant la Chimère, les triom-
phes d'Alexandre, les miracles de Moïse, les plaies
d'Égypte, l'exode des Juifs et les glorieux faits
d'armes de Josué, fils de Navi. Au centre enfin
est un vaste espace, dans lequel Digénis a élevé
un temple magnifique sous l'invocation de saint
Théodore martyr. On verra plus loin que les
chansons populaires font mention, elles aussi,
de ce jardin et de ce palais merveilleux.

Subitement Akritas apprend que son père est
en danger de mort. Il revient en Cappadoce hâtive-
ment, mais trop tard cependant, et il prononce
à la mode grecque, sur le corps du défunt, le
mirologue que voici :

Lève-toi, mon père, regarde ton fils chéri, ton fils
unique, dis-lui quelque parole, donne-lui avis et con-

seil, ne le passe pas en silence... Ne répondras-tu pas
à ton enfant aimé? Ne me parleras-tu pas suivant
ton habitude? Hélas l ta bouche prophétique et di-
vine se tait. Hélas! elle est éteinte ta voix si douce à
tous. Où est la lumière de tes yeux, et la beauté de
ton visage? Qui a enchaîné tes mains, qui t'a enlevé
la force? Qui a paralysé tes pieds incomparables à
la course? Qui a osé, ô mon père, me ravir ton
amour infini? O crime, ô comble d'infortune, ô
douleur amère ! Dans les souffrances et la tris-
tesse tu as rendu l'âme, en m'appelant par mon
nom jusqu'à la fin. Quel bonheur eût été le mien,
ne fût-ce qu'un instant, si j'avais entendu ta voix, ta
dernière bénédiction, si dans mes bras tu avais
exhalé ton dernier souffle, que de mes propres mains
j'eusse lavé ton corps et fermé tes yeux, mon bon
père ! Maintenant je suis le plus misérable des
hommes et une douleur infinie me blesse les en-
trailles.

Ramenant avec lui le corps paternel, pour l'en-
sevelir dans l'église qui se trouve à l'intérieur de
son palais, Digénis regagna les bords de l'Eu-
phrate et il y vécut, avec sa mère et sa femme.
Parfois, vers la fin du repas, le héros prenait sa
cithare et accompagnait le chant de sa belle, qui
était mélodieux comme celui des sirènes ; et, s'il
lui arrivait de jouer un air de danse, aussitôt

celle-ci quittait le lit de festin, étendait sur le sol un tapis de pourpre et charmait son époux par les mouvements de ses mains et l'agilité de ses pieds. Après quoi, ils allaient contempler les merveilles du jardin.

Une seule chose attristait quotidiennement leur âme, c'était le manque d'enfants, dont seuls ceux qui l'éprouvent connaissent la cruauté. Pour en obtenir ils ne cessaient de prier Dieu et de prodiguer les aumônes, mais leur espoir ne fut pas réalisé et ils attribuèrent cette privation à leurs propres péchés. Et un jour vint encore, où mourut la mère de Digénis, après une courte maladie.

Mais le héros lui-même devait rendre l'âme, et sa fin nous est contée dans le huitième et dernier livre. S'étant baigné à la suite d'une partie de chasse, Akritas fut pris de convulsions opisthotoniques et s'alita. Comme le mal allait empirant, il manda un médecin militaire, qui vint, lui tâta le pouls, reconnut la gravité du cas, gémit et pleura.

Digénis comprend alors que tout va finir. Sans dire un mot au médecin, il lui fait signe de se retirer et demande sa femme.

O très chère, lui dit-il, l'amère séparation ! O la vie et tous les biens de ce monde ! Mais assieds-toi en face de moi, que je me rassasie de ta vue. Désormais tu ne me verras plus, moi qui t'aime tant, et je vais te dire ce qui depuis le commencement nous est advenu. Te souviens-tu, mon âme et lumière de mes yeux, que seul j'ai osé t'enlever à tes parents...

Et il continue ainsi à lui rappeler les événements de leur commune existence.

Mais, ajoute-t-il, voici que Charon me renverse, moi l'invincible ; l'Hadès me sépare de ton grand amour et j'ai un deuil insurmontable du veuvage qui t'attend. O toi que je chéris plus que tout au monde, laquelle de tes peines vais-je pleurer ? Comment te consolerai-je ? Où vais-je te laisser, malheureuse ? Quelle mère pleurera avec toi ? Quel père te prendra en pitié, ou quel frère te conseillera ? Hélas, tu n'en as pas. Observe bien, très chère, ce que je vais te dire, ne contreviens pas à ma dernière volonté et tu vivras à l'avenir sans craindre personne. Je sais que tu n'auras pas la possibilité de supporter le veuvage et que tu prendras après ma mort un autre mari, car la jeunesse t'y contraindra. Ne te laisse séduire ni par richesse ni par gloire, mais par un homme brave, audacieux et généreux, et tu règneras sur la terre comme auparavant, ô mon âme.

La femme de Digénis pleure et rejette cette pensée, elle va dans sa chambre invoquer le Seigneur et la Vierge et, quand elle revient et qu'elle trouve son mari mourant, ne pouvant vaincre sa douleur, elle expire sur son cœur. Digénis a encore la force de glorifier Dieu pour la suprême consolation qu'il lui envoie et il rend l'âme à son tour. Les serviteurs accourent, la nouvelle se répand au loin, des gens viennent de toutes les parties de l'Orient ; on inhume Akritas et sa femme au-dessus d'un défilé, et l'auteur du poème termine ce huitième livre par des réflexions morales et religieuses.

Que disent les chansons populaires sur cette dernière partie de la vie de Digénis ? Elles sont extrêmement nombreuses, principalement quand il s'agit de la lutte de Digénis et de Charon ; M. Politis par exemple en a publié 72 au tome premier de la *Laographia*. Il en est une surtout, provenant du Pont, que nous tenons à citer ici, parce qu'elle offre avec la partie du poème que nous venons d'analyser une frappante analogie.

LA MORT DE DIGÉNIS (1).

Akritas bâtissait une forteresse, Akritas faisait un jardin, dans une plaine, dans une prairie, dans un lieu favorable. Là il apporte toutes les herbes du monde et les y sème ; là il apporte toutes les vignes du monde et les y plante ; là il apporte toutes les eaux du monde et leur y trace un lit ; là il amène tous les oiseaux du monde et ils y font leurs nids.

Sans cesse ils chantaient et disaient : « Vive à jamais Akritas ! » Mais un dimanche, un matin, à la pointe du jour, ils chantèrent et dirent : « Demain Akritas mourra ».

— Écoute, Akritas ; écoute, mon brave pallikare, écoute ce que disent les oiseaux, écoute ce qu'ils chantent.

— Ce sont de petits oiselets, qui ne savent pas chanter. Apporte-moi mes flèches, que j'aille chasser dans les endroits giboyeux, et si je trouve de quoi chasser, je ne mourrai pas ; mais si je ne trouve pas de quoi chasser, je mourrai ».

Il chassa, il chassa, nulle part il ne trouva de

(1) Triantaphyllidis, *Les fugitifs*, p. 49 ; Legrand, *Recueil de chansons populaires grecques* (Paris, 1874), p. 195 ; Pernot, *Anthologie populaire de la Grèce moderne* (Paris, 1910), p. 34.

gibier. Et Charon vint à sa rencontre dans un carrefour.

— Que me veux-tu donc, Charon, que partout où je vais tu m'accompagnes ? Si je m'asseois, tu t'assieds avec moi ; si je marche, tu me suis ; et, si je me couche pour dormir, tu deviens mon oreiller. Viens donc, Charon, que nous luttions sur l'aire de bronze. Si c'est toi qui me vaincs, Charon, tu prendras mon âme ; mais, si c'est moi qui te vaincs, je jouirai de la vie.

Il lutta, il lutta, et Charon ne fut pas vaincu.

— Entre, ma belle, et dresse-moi mon lit mortuaire ; pour couvertures mets des fleurs, mets-y des oreillers parfumés de musc, et sors, ô ma belle, et observe ce que disent les voisins.

— L'un prendra ton courage et ta bravoure, et le vieillard, le vieux décrépit, dit qu'il prendra ta belle.

La fin qui manque ici, nous la trouvons dans une version de Trébizonde :

— Écoute, écoute, mon Akritas, ce que disent les voisins. Jean dit : « Je prendrai son cheval » ; Georges dit : « sa massue », et le vieillard, le vieux décrépit dit : « Je prendrai sa belle ».

— Jean ne prendra pas mon cheval, ni Georges ma massue ; le vieillard, le vieux décrépit, ne prendra pas ma belle.

Sa massue il la brûla ; son cheval il le tua.

— Ma femme, viens, donne-moi le baiser de séparation.

Elle se baisse, elle se penche sur le cœur d'Akritas. Lui-même il étouffa sa femme, son admirable femme. Tous deux moururent ensemble, tous deux furent ensevelis ensemble (1).

On voit combien est grande la parenté de cette chanson et du roman, puisque celle-ci aussi mentionne le palais, le jardin, les oiseaux, la partie de chasse, Charon, l'entretien de Digénis et de sa femme, et jusqu'à l'éventualité d'un second mariage pour cette dernière. Toutefois le poème s'écarte de la chanson sur un point important : il fait mourir l'épouse de douleur. Nous croirions volontiers que c'est là une atténuation d'une fin qui a paru trop rude à notre auteur et que la vraie tradition est celle-là même que nous donne la chanson du Pont. On la retrouve du reste ailleurs : elle nous est attestée à Chypre, et c'est aussi celle d'une courte chanson publiée par Legrand à la page LXIII de la toute première édition des *Exploits de Digénis Akritas*.

(1) Revue *Laographia*, tome I (1909), pages 233-234. Version provenant de la collection inédite de M. J. Valavanis.

VI

Les chansons ne dérivent pas du poème. — Date et ori-
gine de la légende d'Akritas. — Son extension hors de
Grèce. — Jugement d'ensemble sur le poème. — Stabi-
lité de la tradition hellénique.

Quels rapports unissent le poème tel que nous
le connaissons et l'ensemble des chansons popu-
laires akritiques dont nous avons donné quelques
échantillons? Diverses opinions, dans le détail
desquels nous n'entrerons pas, ont été émises à
ce sujet. M. Politis notamment a soutenu que le
poème était basé sur les chansons et non les
chansons sur le poème. C'est à ce jugement que
nous nous rallierions le plus volontiers, du moins
en sa seconde partie : les chansons ne sauraient
provenir du poème.

En effet, quand une œuvre d'une certaine éten-
due, comme l'est celle-ci, pénètre chez le peuple,
elle va d'ordinaire s'abrégeant. Les passages de
pure description disparaissent peu à peu et il reste
ceux qui sont utiles à l'action et en constituent le
tissu. Parfois, il est vrai, des éléments étran-

gers viennent se souder aux premiers, mais ils sont
presque toujours disparates et facilement sépara-
bles. Or, tous éléments de ce genre mis à part,
les chansons que nous possédons nous révèlent
au contraire un ensemble de traditions akritiques
plus riche que celui du poème, et d'une telle variété,
d'une telle verdeur, qu'il exclut la possibilité d'une
pareille source. Qu'a laissé par exemple dans la
littérature orale l'*Érotokritos* qui, lui, était à tous
points de vue plus accessible à la foule et dont il a
fait les délices ? Quelques fragments immédiate-
ment reconnaissables, mais rien qui soit compara-
ble aux chansons de notre cycle. S'il y avait entre
elles et le poème un rapport direct — ce qui ne nous
semble pas prouvé —, seul le poème aurait pu
être tiré d'elles, car on y distingue nettement,
sous un voile plus ou moins classique, un fonds
populaire, des expressions, des sérénades, des
mirologues, des distiques, encore vivants de nos
jours.

Nous n'arrivons sur ce point, on le voit, qu'à
des résultats négatifs. Y a-t-il eu, entre ces chan-
sons et le poème, un ou plusieurs intermé-
diaires ? Chansons et poème ont-ils au contraire
une origine littéraire commune, dérivent-ils de
sources plus ou moins nombreuses et plus ou

moins voisines, cachées maintenant à nos regards?
Ce sont là des questions qu'on peut assurément
se poser, mais qui, si l'on se borne à des faits posi-
tifs, restent maintenant sans réponse.

A quelle époque peuvent se rattacher les tradi-
tions qui nous ont été conservées, tant dans le
poème que dans les chansons? De part et d'autre
il est fait mention de l'Euphrate et, dans le poème,
nous voyons le héros franchir ce fleuve, pour
combattre les Sarrasins qui sont sur l'autre rive.
Ceci ne peut guère se placer qu'antérieurement
à l'occupation de la Mésopotamie par les Grecs,
donc au plus tard au x⁰ siècle. Et c'est bien en
effet au temps de Nicéphore Phocas, de Jean
Tsimiscès, de Basile le Bulgaroctone, à cet épique
siècle, qui marqua pour l'empire byzantin une
période de grandeur, telle qu'il n'en avait pas
connue depuis Justinien et telle qu'il n'en devait
pas revoir jusqu'à nous, que peuvent le mieux
rapporter les divers événements dont il a été
question plus haut. On sait aussi que, dès le
siècle, l'empire des Seldjoucides s'étend dans
Asie-Mineure, où il va jusqu'à Nicée. Après,

viendront les Francs. Ceci nous éloigne de plus en
plus de la période akritique.

Il dut se produire alors un phénomène, cou-
rant quand il s'agit de traditions populaires. Ce
qui frappa l'imagination du peuple, ce ne fut pas
la grandeur de la lutte engagée contre les Arabes.
Pareil ensemble, le peuple ne pouvait l'embras-
ser. Ce qu'il aperçut en Asie-Mineure, ce furent
les exploits particuliers, locaux, des akrites et
des apélates, les escarmouches, les combats de
frontière. Qu'on prenne les chansons populaires
relatives à la guerre de l'Indépendance hellé-
nique. Sur quoi portent-elles ? Non pas sur la
lutte du christianisme et du mahométisme, ni
sur la constitution d'un nouveau royaume de
Grèce, mais, par exemple, sur la prise de Misso-
longhi, sur la mort de Diakos, sur tel ou tel capi-
taine dont l'histoire conserve à peine le souvenir.
Ce qu'on admire, ce qu'on chante, ce sont les κλέα
ἀνδρῶν, et c'est bien aussi ce que nous avons ici.

Des chansons de ce genre sont nécessairement
faites peu de temps après les événements qu'elles
célèbrent. Qui compose aujourd'hui des chansons
sur la guerre de l'Indépendance ? Personne. Qui
en a fait sur la guerre d'hier ? Les soldats au
bivouac ou les poètes de village, quand les soldats

rentrés au foyer ont conté leurs exploits, le soir, à la veillée.

Nous savons du reste, par ailleurs, quand de pareilles chansons devinrent impossibles. Ce fut à l'époque où disparurent les akrites et les apélates. Or, sous Michel Paléologue (1261-1282), on cesse de payer les akrites sur le trésor public et ceux-ci abandonnent les frontières pour l'intérieur du pays. Nicéphore Grégoras, qui écrivait dans la première moitié du xive siècle, constate que cette mesure, qui avait semblé insignifiante au début, apparut dans la suite comme un véritable malheur et fut cause des plus grandes catastrophes (1).

La tradition littéraire confirme cette manière de voir. A la fin du xie siècle, Psellus voulant célébrer l'origine de l'empereur Constantin Ducas, écrit : « Ses ancêtres, en remontant jusqu'à ses aïeuls, furent beaux et heureux et tels que les récits les chantent. Le fameux Andronic, Constantin et Panthirios sont jusqu'à ce jour dans la bouche de tous ; ils lui sont parents, les uns par les hommes, les autres par les femmes (2) ». Ce

---

Nicéph. Grégoras, éd. de Bonn, p. 138.

Psellus, Ἑκατονταετηρίς (Sathas, *Bibliothèque médiévale* (en grec) IV (Paris, 1874, in-8º), **p**. 260.

Histoire de littér. gr. mod,

passage indique qu'à l'époque de Psellus il exis-
tait déjà des traditions orales, des chants célé-
brant les mêmes personnages que nous avons
rencontrés dans cet exposé : Andronic, Constan-
tin, Panthirios, qui est peut-être identique à notre
Porphyrios.

Enfin, les légendes nous apportent, elles aussi,
des renseignements concordants. En dehors des
chansons dont nous venons de parler, nombreux
sont dans la topographie grecque les souvenirs
de Digénis. De nos jours on montre, à Chypre,
les pierres de Digénis, ses pas et ceux de son che-
val ; à Rhodes, ses pas, sa prison, sa maison ; son
tombeau est à la Canée, à Carpathos, dans les
environs de Trébizonde, etc., et à chacun de ces
souvenirs se rattache une légende. L'imagination
populaire a travaillé, Digénis est devenu une
sorte de géant. Dans la Messaria crétoise par
exemple, on se le représente comme un de ces
Σαραντάπηχοι « hommes de quarante coudées » qui
habitaient autrefois le pays :

Le plus fort de tous les hommes de quarante cou-
dées fut Digénis, qu'on appelait ainsi, parce qu'il
vécut deux générations. C'est lui qui jetait les grands
rochers au loin, par jeu, comme des osselets, et on
en voit beaucoup jusqu'à ce jour.

Près de Kamares se trouve la selle de Digénis. C'est un sillon sur la cime de la montagne ; il s'est creusé sous son poids, quand il était assis à cheval sur cette montagne. Et plus bas, sur la pente, est son pas, un grand creux ; car, quand il avait soif, il posait là un de ses pieds, et l'autre sur la montagne d'en face, et il se baissait pour boire à la rivière qui coulait sous ses jambes. Et avec sa barbe il barrait la rivière, qui débordait et inondait la plaine de Messaria.

Quand Digénis mourut, on l'enterra sur une éminence près de Yeryéri. Mais son corps était trop grand et il ne pouvait tenir sur cette étendue de terrain. On fut donc forcé de le couper en sept morceaux et on put ainsi l'enterrer (1).

Ce grand nombre de légendes akritiques milite en faveur d'une date assez reculée, qui peut fort bien être le x° siècle : on cite, dès 1182, en Crète, τοῦ Διγενῆ τὸ λιβάδι, « la prairie ou la place de Digénis ».

La question du lieu d'origine des chants akriques ne nous arrêtera pas longtemps. Ils ont dû se composés, soit dans les endroits mêmes où akrites et les apélates ont accompli leurs ex-

_____

(1) Politis, *Études sur la vie et la langue du peuple grec. Tra(en grec, Athènes*, 1904, in-8°), tome I, page 69.

ploits, soit dans leur voisinage. immédiat, en Cap-
padoce, dans le Pont, en tout cas en Asie-Mi-
neure. Cette hypothèse est confirmée, et par le
fait qu'on trouve encore dans ces régions de nom-
breuses chansons akritiques, et par le caractère
archaïque de ces chansons. Ailleurs, à Chypre
par exemple, elles ont, comme on a pu le voir,
subi de nombreuses altérations ; dans le Pont au
contraire elles sont restées beaucoup plus près
du type primitif.

Pareille à celle de Roland, la renommée de Di-
génis a du reste franchi les frontières de l'empire,
et ceci, semble-t-il, à la fois par les chansons et
par le roman. On en trouve populairement des
échos en Russie et dans toute la péninsule balka-
nique. Les Turcs célèbrent, dans des chansons et
dans des livres populaires, un Kioroglou, dont le
nom est rattaché à nombre de forteresses ou
d'antiquités de la Cappadoce et dont les habi-
tants de cette région, qui ont perdu l'usage de la
langue hellénique, lisent les aventures dans une
brochure turque écrite en caractères grecs ; une
influence du poème de Digénis est visible dans
le roman turc intitulé *Les voyages de Sajjid Bat-*

thal. L'historien russe Karamzine a vu un manus-
crit en langue slavonne-russe, du xive ou du
xve siècle, malheureusement aujourd'hui perdu,
qui contenait un poème intitulé *Vie et gestes de
Deugéni Akrita*, et il en a publié quelques frag-
ments. M. Pypine a de même donné, d'après un
manuscrit russe du xviie siècle, le texte mutilé
d'un récit en l'honneur de ce héros. En 1905,
M. Zenker, parlant du poème anglo-normand de
Beuve d'Hanstone, exprimait cette opinion, que
nous nous bornons à rapporter : la source en se-
rait une épopée akritique grecque du xe ou du
xie siècle qui, par l'intermédiaire du vieux nor-
rois, serait arrivée jusqu'en Grande-Bretagne, à
travers la Russie et la Baltique. Enfin, tout ré-
cemment, notre collègue M. Hesseling signalait,
dans un poème flamand des environs de 1270, le
passage suivant, où il semble bien qu'il soit ques-
tion encore de notre héros :

Maintes rimes ont été faites — qui sont peu profi-
tables à l'âme, — de batailles et d'amours, — de main-
tes gens que nous ne connaissons pas, — de Roland et
d'Olivier, — d'Alexandre et d'Ogier, — de Gauvain et de
sa force, — comment il luttait contre ses ennemis, —
de Digenes, comment il tourmentait — son corps pour une

jolie femme (**1**), — de Pyrame, comment il perdit — la vie par l'amour ; tout cela a été écrit.

Cette diffusion de la légende, et particulièrement du roman d'Akritas, permet d'espérer qu'un jour quelque texte, soit grec, soit étranger, nous fournira un utile complément d'informations et peut-être viendra résoudre la question que nous soulevions plus haut : N'y a-t-il pas eu, dès le XIe siècle par exemple, une épopée grecque très différente des rédactions que nous possédons et qui relierait entre eux le poème que nous connaissons et les chansons populaires ?

A prendre le poème tel qu'il est, on peut le caractériser de la façon suivante :

Le but que s'est proposé l'auteur nous est indiqué en tête du premier livre de la version de Grotta-Ferrata : il a voulu célébrer les louanges et les triomphes de Basile Akritas qui, avec l'aide de Dieu et des Saints, a conquis une partie de l'Asie-Mineure et lutté victorieusement contre les ennemis de la foi ; il a simplement, prétend-

(1) On remarquera que cette donnée ne correspond nullement au contenu de notre poème.

il, fait œuvre d'historien : les exploits vantés des Philopappos, des Cinname et d'autres ne sont que hâbleries ; ceux de Digénis et de l'émir son père, représentent au contraire l'exacte vérité. On sait ce qu'il faut penser en général des précautions oratoires de ce genre ; elles servent souvent de préambule à de pures fictions. Cependant, si une certaine défiance est légitime en pareille matière, il reste hors de doute que ce poème a une base historique, probablement même assez étendue. Malheureusement nous sommes dans l'impossibilité de séparer ici la réalité de la légende et de déterminer ce qu'il y a de vrai ou de simplement imaginaire dans le personnage de Digénis tel qu'il nous est représenté.

Aussi bien l'auteur ne s'est-il pas attaché à lui d'une façon particulière, en homme épris d'un caractère et qui tient à le bien mettre en relief. Digénis est beau, brave, il aime ses parents et sa femme, il est d'un tempérament fougueux et rude. C'est à peu près tout ce que l'on en peut dire, et c'est sans doute tout ce qu'en voulait dire l'auteur, dont les préoccupations sont manifestement autres. Ce qui en effet l'intéresse le plus, sont les événements de la vie de Digénis et les idées religieuses susceptibles de s'y rattacher

tant bien que mal : la volonté de Dieu, les conver-
sions d'infidèles, la vanité des biens de ce monde.
Ce qu'en somme il a écrit, c'est une sorte de
chronique en vers, semée de conceptions chré-
tiennes et moralisatrices, un roman aussi édifiant
que possible.

Un grand poète, frappé du caractère héroïque
de Digénis et des proportions de la lutte séculaire
qui mettait aux prises Grecs et Musulmans, eût
tiré de là une épopée hellénique susceptible de
rivaliser avec celles qui naissaient en Europe vers
la même époque. Tel n'est pas ici le cas, et il est
même curieux de constater que les chansons po-
pulaires akritiques, abstraction faite des défauts
inhérents à ce genre de productions, ont souvent
une allure plus épique, un souffle plus puissant
que notre poème.

Est-ce à dire que nous considérions celui-ci
comme une œuvre littéraire négligeable ? En au-
cune façon. Il offre, malgré des faiblesses de com-
position sensibles çà et là, une indiscutable
unité ; le père de Digénis et Digénis lui-même ne
cessent pas d'être le centre de l'action, dont l'in-
térêt se soutient jusqu'à la mort de Digénis ; et,
pour un lecteur moderne, cet intérêt est double :
d'une part cette vie byzantine assez éloignée de

nous, non pas celle de la capitale, mais celle des frontières, mélange de chevalerie et de handitisme, qui nous plait par ce qu'elle a d'exotique et de moyen-âgeux ; et d'autre part, mêlés aux éléments précédents, mais aisément dissociables pour un lecteur averti, des habitudes, des traits de mœurs et des idées qui se sont perpétués jusqu'à nous. Dès qu'il ne s'agit plus de Sarrasins, de grands coups d'épée, de chasse aux fauves et de costumes, on est déjà dans la Grèce moderne, et c'est alors surtout que chez l'auteur nous sentons le poète ; ses conceptions, ses descriptions, ses images et ses expressions sont de même nature et ont la même fraîcheur que celles qui de nos jours nous charment tant en pays hellénique.

Sans doute cette œuvre serait plus vivante encore, si l'auteur s'était servi d'une langue moins archaïsante ; mais on ne saurait lui faire grief d'un système, qui était courant à son époque. Du reste la langue en question ne nous dérobe qu'en partie le parler d'alors ; c'est moins une substitution qu'une transposition, et les remanieurs qui par la suite ont donné des versions rajeunies du *Digénis* ont pu le faire sans grande peine. La versification même s'y prêtait, puisque, aussi haut que nous puissions remonter dans le domaine

akritique, ce que nous y trouvons c'est le vers
politique, qui est aussi celui des chansons popu-
laires et qui constitue maintenant encore le vers
grec par excellence (1).

Pareille stabilité est caractéristique. C'est en
vain qu'on chercherait aujourd'hui chez les autres
peuples européens le double fait que nous venons
de constater : une tradition presque millénaire,
qui sous sa forme littéraire est accessible aux
gens d'instruction moyenne, et sous sa forme orale
reste vivace parmi les illettrés.

---

(1) Ce vers étant celui de presque tous les poèmes étudiés
dans ce volume, peut-être ne sera-t-il pas inutile d'en rappeler
ici brièvement les règles.

Il se compose de quinze syllabes réparties en 8 plus 7, avec
césure après la huitième. Deux accents sont obligatoires : dans
le premier hémistiche, sur la sixième ou la huitième syllabe ;
dans le second, sur la sixième. Les autres syllabes paires sont
à volonté accentuées ou atones. Les syllabes impaires sont
atones, à l'exception de la première de chaque hémistiche, sur
laquelle l'accent est facultatif.

A ce point de vue, la version de Grotta-Ferrata offre une
particularité digne de remarque : on y trouve fréquemment,
dans l'un et l'autre hémistiche, des troisièmes et des cinquièmes
syllabes accentuées.

Durant tout le moyen âge le vers politique n'a eu ni asso-
nance, ni rime. La rime s'est introduite en Grèce au xve siècle,
sous l'influence de l'Italie, mais maintenant encore elle n'est
nullement obligatoire dans le vers politique.

CHAPITRE II

I

Existence de deux Prodrome. — Analyse des quatre poèmes en grec vulgaire.

Il est, dans la littérature byzantine, un nom que les philologues prononcent d'ordinaire avec un reste de doute ou de découragement. Il a été bien souvent cité ; nombreux sont les volumes ou articles dans lesquels il occupe la première place et, quand les spécialistes en trouvent un de plus sur leur table de travail, ils l'accueillent du même air un peu désabusé que prenaient hier les historiens, les géographes ou les hommes politiques, à la vue d'une brochure nouvelle sur la Macédoine. C'est en effet une vraie Macédoine littéraire qui nous est parvenue sous le vocable de Théo-dore Prodrome : romans, ouvrages philoso-

phiques, théologiques, grammaticaux, astrono-
miques, allégoriques, satires, exercices de rhéto-
rique, poèmes burlesques, dialogues, épigrammes,
placets, discours et lettres, en partie publiés, en
partie encore inédits ; et le jour est lointain, à sup-
poser qu'il vienne jamais, où tous ces éléments dis-
parates seront définitivement ordonnés et classés.

Un filet de lumière a pénétré dans cette obscu-
rité, quand a été prouvée, surtout d'après le con-
tenu d'un manuscrit de Venise, l'existence de deux
Prodrome, l'un rhéteur célèbre, courtisan et qué-
mandeur, l'autre si semblable au premier, qu'on
pouvait en effet le confondre avec lui, poète égale-
ment famélique, appartenant lui aussi au
XIIe siècle, appelant le rhéteur son précurseur et
lui ayant en effet survécu. Cette constatation a
un peu élucidé la question, en permettant de la
diviser. Continuant dans cette voie, nous envisa-
gerons ici certains poèmes prodromiques, qui tran-
chent nettement sur tout le reste, en ce qu'ils
sont rédigés, non pas dans la langue officielle,
mais en grec commun ou vulgaire. A ce titre ils
se séparent non seulement des autres œuvres pro-
dromiques, mais encore de la littérature byzan-
tine courante et ils se rattachent à la littérature
néo-hellénique proprement dite.

C'est du reste par eux surtout, qu'en Grèce du moins, le nom de Prodrome est ordinairement connu ; un vers en est devenu presque proverbial :

'Ανάθεμα τὰ γράμματα, Χριστέ, κι ὁποῦ τὰ θέλει !
Maudites les lettres, Christ, et qui les recherche !

Nous possédons aujourd'hui cinq éditions de ces poèmes (1) et à deux reprises ils ont été présentés chez nous au public, d'abord par Emmanuel Miller, qui a fait sur eux, en octobre 1874, à la séance des cinq Académies, une lecture intitulée : *Un poème de la cour des Comnènes*, puis par M. Diehl, au tome deuxième de ses *Figures byzantines*. Si nous revenons nous-même sur ce sujet, c'est que la dernière édition apporte, croyons-nous, quel-

_____

(1) 1° Coray, *Atakta* (en grec, 5 vol., Paris, 1828-1835, in-8°), tome I, p. 1-339. — 2° Mavrophrydis, *Choix de monuments* (en grec, Athènes, 1866, in-8°), p. 17-72. — 3° *Trois poèmes en grec vulgaire de Théodore Prodrome*, publiés pour la première fois avec une traduction française par E. Miller et É. Legrand (*Collection de documents pour servir à l'étude de la langue néo-hellénique*, nouvelle série, n° 7). Paris, 1875, in-8°. — 4° Legrand, *Bibliothèque grecque vulgaire*, tome I (Paris, 1880, in-8°), p. 38-124. — 5° *Poèmes prodromiques en grec vulgaire*, édités par D. C. Hesseling et H. Pernot (*Actes de l'Académie d'Amsterdam*, section des lettres, nouv. série, XI, 1), Amsterdam, 1910, in-8°.

Rev. de littér. gr. mod.

ques conclusions nouvelles, qu'il n'est pas super-
flu d'exposer ici.

Les poèmes en question sont au nombre de
quatre. On pourrait les intituler respectivement :
La femme acariâtre, *Les besoins du ménage*, *Contre
les higoumènes*, *Les inconvénients de la littérature*.
La tradition manuscrite est loin d'en être bonne.
Nous les analyserons tant bien que mal et en
glissant sur les difficultés de détail.

Le premier poème est adressé, dit le seul ma-
nuscrit que nous en ayons, par le sieur Théodore
Prodrome au roi Mavrojean, c'est-à-dire Jean le
Noir. C'est ainsi qu'on désignait Jean Comnène
(1118-1143).

L'auteur présente à l'empereur quelques vers
badins, sur lesquels il le prie de ne pas se mé-
prendre. S'il rit et plaisante, il a cependant un
chagrin des plus lourds, une fâcheuse maladie,
un mal, mais quel mal !

En m'entendant parler de mal, ne soupçonnez
pas une hernie, ni quelque autre affection secrète
pire encore, ni une corne visible (1), une fièvre, une

---

(1) Μὴ κερατᾶν τὸ φανερόν. L'auteur joue, semble-t-il, sur le
mot κερατᾶν qui peut signifier « être cornard » ou bien « cornu,
panaris ». Il ajoute plaisamment τὸ φανερόν « qui est visible »
pour montrer que c'est du panaris qu'il s'agit.

maladie de cœur, une pneumonie, une maladie
d'yeux, une hydropisie ; non, c'est uniquement l'ex-
cessif enjouement d'une femme batailleuse.

On peut, d'après ce premier passage, suffisam-
ment juger de quoi il est ici question : un auteur
demande de l'argent à son protecteur et, pour en
obtenir, cherche à faire rire celui-ci par des plai-
santeries de plus ou moins bon aloi. C'est un vieux
stratagème de courtisan ; c'est le procédé joliment
employé par Marot, dans son *Épître au roi, pour
avoir été dérobé* :

> J'avois un jour un vallet de Gascongne,
> Gourmand, ivrongne, et asseuré menteur,
> Pipeur, larron, jureur, blasphemateur,
> Sentant la hart de cent pas à la ronde,
> Au demourant, le meilleur filz du monde,
> Prisé, loué, fort estimé des filles...

Le caractère acariâtre de cette femme, Pro-
drome — gardons-lui provisoirement le nom que
donne le manuscrit — va le dépeindre à l'empe-
reur, avec l'espoir toutefois que celle-ci ne saura
rien de ce qu'il écrit. Ses railleries et ses injures
sont quotidiennes :

Monsieur, faites donc attention. Monsieur, qu'avez-

vous dit? Monsieur, qu'avez-vous ajouté au ménage?
Monsieur, qu'avez-vous acquis?

Quel costume m'as-tu commandé, quel vêtement
croisé m'as-tu fait? Quel jupon m'as-tu mis? Je ne
connais pas la fête de Pâques (1). J'ai passé avec toi
douze années, froides, noires comme suie, et je n'ai
pas mis du fruit de ton travail une courroie à mon
pied, je n'ai vu à mon doigt ni bague ni anneau...
Jamais je n'ai été au bain sans en revenir affligée; je
ne me suis pas rassasiée un jour sans avoir faim pen-
dant deux. Je passe mon temps à soupirer et à gémir...
Le bain et les couchages que tu m'as faits, que tes fils
les aient comme héritage paternel! Le mobilier que
tu tiens de tes parents va faire une jolie dot à tes
filles!... Comment, tu oses me regarder! Moi j'étais
une personne considérée, et toi un homme de rien;
j'étais noble, toi, pauvre citoyen; tu es Ptochopro-
drome et moi j'étais une Matzoukine; tu dormais sur
une natte, moi dans un lit.

Vient ensuite, parmi diverses allusions sou-
vent difficiles à comprendre, une description de
la maison qui tombe en ruines. Les marbres sont
détériorés, le plancher s'est effondré, le toit a
pourri. Jamais lui n'a fait venir un maçon, jamais
il n'a acheté un clou pour enfoncer dans **une**

(1) C'est pour Pâques qu'on se fait faire des vêtements **neufs.**

planche. C'est elle qui fait tout; elle remplit dans le ménage les offices les plus divers. Quant à lui, il est là comme un oiseau qu'on gave.

Je ne sais à quoi tu m'es bon, je me demande à quoi tu me sers. Si tu n'avais pas le courage de nager, il ne fallait pas te faire nageur; tu n'avais qu'à rester tranquille, à gratter ta lèpre et à me laisser en repos Que si tu voulais absolument faire illusion à quelqu'un, tu aurais dû prendre une de tes pareilles, une fille de cabaretier par exemple.

Une courte invocation au roi coupe ici le poème et le divise en deux parties, dont la seconde, un peu plus longue que la première, nous paraît sensiblement inférieure à celle-ci, comme composition et comme ton. Nous la résumerons brièvement.

Un jour que Prodrome rentre à vide à la maison, une nouvelle discussion s'élève entre lui et sa femme. Il aimerait pouvoir la gifler, mais il se dit qu'il est vieux et courtaud et qu'elle aura facilement le dessus. C'est donc en tremblant de crainte qu'il s'empare du manche à balai et l'introduit par une fente de la porte derrière laquelle se tient la mégère. Celle-ci saisit brusquement cette arme improvisée et, au milieu de la lutte, abandonne tout à coup, de sorte que Prodrome roule à terre. Humilié et ne pouvant pénétrer dans la pièce qui s'est de nouveau close, il gagne sa propre chambre, attendant le dîner. Quand la faim le tenaille, il constate avec tristesse que l'armoire est fermée. Mais, vers le coucher du soleil, un grand tumulte se produit : un de ses enfants vient de faire une chute qui paraît grave, la maison et le voisinage sont en émoi. Prodrome met à profit le désarroi général, pour prendre la clé de l'armoire et se restaurer copieusement; après quoi, il vient mêler ses lamentations aux autres, sans succès d'ailleurs, car l'enfant une fois debout, la mère s'enferme de nouveau, avec lui et les autres. Le lendemain, Prodrome se lève tôt, s'approche de la porte, donne à sa femme les appellations les plus douces, en soupirant trois fois du fond de l'âme, sans obtenir de réponse. Pour comble d'infortune, un délicieux fumet vient chatouiller ses narines. Il se déguise alors en mendiant étranger. Ses enfants, qui ne le reconnaissent pas, courent sur lui avec des pierres et des bâtons, mais la mère les arrête : « Laissez, dit-elle, c'est un pauvre pèlerin. » On l'invite à entrer et son cœur se réjouit à l'aspect d'une assiette pleine de bouillon, dans lequel nagent de gros morceaux de viande.

Voilà, monarque couronné, les tourments que j'ai soufferts de la part d'une femme querelleuse et trois fois néfaste, quand elle m'a vu revenir les mains vides à la maison. Si votre miséricorde n'arrive pas jusqu'à moi, si vous ne rassasiez pas de cadeaux et de dons cette femme insatiable, je crains fort d'être tué prématurément et qu'ainsi vous perdiez votre Prodrome, le meilleur de ceux qui font pour vous des vœux.

*
* *

Avec le deuxième de nos poèmes nous restons dans le même ordre d'idées, puisqu'il s'agit toujours des besoins du ménage. Il est vrai, dit l'auteur, que l'empereur lui donne beaucoup déjà, mais c'est encore insuffisant. Douze médimnes de blé par exemple, qu'est-ce, pour les treizes personnes dont se compose sa famille? Quand on a criblé ce blé, car il ne l'est pas, qu'on a prélevé la part du meunier, que celui-ci n'a pas rendu la mesure, qu'on l'a recriblé, pétri et mis au four, il faut voir ce qu'il reste, sans compter les prélèvements pour l'offrande, le mouchard, le levain, la galette, la gimblette du petit.

Et ne faut-il pas à la maison du lin, du coton, de quoi teindre, de quoi coudre, du cuir épais, du cuir mince, le salaire du meunier, du fournier, du bai-

gneur? Ne faut-il pas du savon, du garum et du poivre
broyés, du cumin, du carvi, du mil, du vinaigre, du
nard, du sel, des champignons, du céleri, des poi-
reaux, de la laitue et du cresson et de l'endive, des
épinards, des arroches, des navets, des aubergines,
des choux frisés, des bettes et des choux-fleurs? Ne
faut-il pas pour les gâteaux des trépassés, des aman-
des, des grenades, des noix et des pommes de pin, du
ᶜhènevis, des lentilles, des pois chiches et des rai-
sins secs?

Encore n'est-ce là que le plus gros, ajoute l'au-
teur ; entrons maintenant dans le détail, et il con-
tinue l'énumération des objets nécessaires à la vie
journalière ainsi que des dépenses quotidiennes :
la batterie de cuisine, la corde du puits qui se
casse, le tonneau qui ne tient plus l'eau, la porte
qui se disloque, l'enfant qui s'est blessé et pour
lequel il faut acheter au plus vite la meilleure
huile de camomille, du vinaigre, du verjus, de la
noix de galle, de la cantharide et autres ingré-
dients, dont on fera un onguent, avant que le mal
se gangrène.

Voilà ce dont tout le monde a besoin. Ceux qui
sont riches n'éprouvent aucun embarras, mais
ceux qui, comme lui, ont pour tout patrimoine
la pauvreté, beaucoup de dépenses et peu de

recettes, se rejettent sur leurs vêtements, pitié du
Christ ! et ils les vendent pour vivre.

Que l'empereur ne se méprenne pas sur sa pto-
choprodromerie et ne s'attende pas à le voir
(comme saint Jean-Baptiste Prodrome) se nourrir
de plantes des montagnes. Il ne dîne pas de sau-
terelles, il n'aime pas les herbes, mais un épais
ragoût, une cuisine relevée, avec des morceaux
nombreux et rebondis. Son auguste protecteur
n'a que le temps de lui venir en aide, s'il ne veut,
par sa mort, se voir privé des louanges qu'il
reçoit chaque jour.

Époux malmené dans le premier de ces poèmes,
père de famille nécessiteux dans le second, l'au-
teur se présente à nous, dans le troisième, comme
un moinillon de minime importance, mais qui
cependant peut s'adresser à l'empereur. De tous
ces poèmes prodromiques celui-ci est assurément
le meilleur. Il offre quelques tableaux pris sur le
vif, et qui, sous leur exagération voulue, con-
tiennent sans doute plus d'une vérité.

C'est d'abord celui du moine nouveau venu,
qui est peut-être entré dans le couvent avec l'es-

Études de littér. gr. mod.   s.

poir d'y trouver l'égalité parfaite et le renonce-
ment de tous aux choses de ce monde. Quelle désil-
lusion est la sienne ! Le monastère n'a pas qu'un
maître : contrairement à toutes les règles, deux
higoumènes le gouvernent, le père et le fils. Jus-
tice divine, quel exécrable couple ! S'il lui arrive,
pauvre moine, de manquer à l'office du matin,
les punitions pleuvent sur lui. Où était-il à l'en-
censement ? Qu'il fasse des génuflexions. Où était-
il au tropaire ? Qu'on ne lui donne pas de pain.
Où était-il aux six psaumes ? Qu'on ne lui donne
pas de vin. Il n'a le droit, ni de se frotter, ni de
se gratter, ni de prendre de bain. Toute coquet-
terie lui est interdite : les chaussures plates à
longue pointe, la ceinture nouée bas, pour avan-
tager la taille, les coups de peigne trop fréquents,
les manches et le col ressortant. En rassemblant
tout ce qui lui est défendu, on aurait un portrait
du moine élégant et frivole, tel qu'il existait alors
à Byzance.

La description se poursuit par anthithèses et,
à côté du pauvre diable pouilleux, qui n'a apporté
que sa personne incommode et son esprit igno-
rant, apparaît celui qui fait honneur au monas-
tère : il est savant, c'est un maître dans l'art de
chanter et de battre la mesure, il ne sort qu'à

cheval avec de riches éperons, il a de l'argent
dans sa bourse, des vêtements en soie des îles
égéennes, de magnifiques couchages, il se baigne
quatre fois par mois et il achète pour ses frères des
bars succulents et de magnifiques philomèles. L'un
est le grand seigneur, l'autre le simple domes-
tique, coupant le bois, puisant l'eau, courant
aux commissions, rentrant juste à temps pour
prêter ses services à la fois à l'higoumène et au
grand économe, qui prennent chacun un bain et
dont l'un lui dira : « Frotte-moi et remue la
mousse de savon », pendant que l'autre s'impa-
tientera et ordonnera : « Remplis la cruche et
donne-moi la douche, que je sorte de l'eau ».

C'est ensuite le défilé des mets sur la table des
higoumènes. Le premier service est le bouilli : une
plie de belles dimensions. Le second, le poisson en
sauce : une merluche œuvée. Vient en troisième
lieu une cuisine aigre-douce, au safran, avec du
nard, du girofle, de la cannelle, des champi-
gnons, du vinaigre, du miel non fumé ; au milieu
sont étalés une grande philomèle toute rouge,
un mulet de trois empans du Riyi, avec ses œufs,
et une dorade de première qualité. Ah ! dit le
pauvre moine, que ne puis-je en manger les
restes, en boire le bouillon, avec trois ou quatre

verres de vin de Chio, de quoi éructer allègre-
ment et avoir consolation! Quatrième service,
un fin rôti, toujours de poisson, car il s'agit d'un
repas maigre. Cinquième, d'autres morceaux
recherchés et variés, frits à la poêle. Et c'est ici
que se place le désir de voir apparaître un nou-
vel Akritas, qui pulvérisera tout cela.

Le repas d'ailleurs n'est pas terminé. Il y faut
encore le pot-pourri, ce délicieux pot-pourri qui
fait son entrée en fumant un peu et en exhalant
un si agréable parfum. En voici la recette :
quatre cœurs de choux épais et frais comme
neige, une nuque de don salée, le milieu d'une
carpe, une vingtaine de bons glauques, des filets
de poissons de l'Oxiane, quatorze œufs, du petit
fromage crétois, quatre fromages mous, un peu de
fromage valaque, à la livre l'huile qui sert aux
onctions (et qui n'est sans doute pas la moins
bonne), une poignée de poivre, douze têtes d'ail,
quinze petits maquereaux salés, une bonne rasade
de vin doux par là-dessus, et il faut voir alors
comme ils y vont! C'est là une bouillabaisse
monstre. L'auteur s'étonne que la marmite qui a
contenu le tout n'en ait pas éclaté; ce ne devait
pas être une marmite, mais bien plutôt un bap-
tistère.

Voilà, ajoute-t-il, ce qui se passe pour les victuailles. Quand aux boissons, c'est chose obscure et cachée à nos yeux ; nous n'en avons que les parfums ultérieurs.

En regard de cette bonne chère, on ne sert guère aux pauvres moines qu'un morceau de maquereau, de pélamide ou de thon empesté, pas salé, pas gratté, pas lavé, enfumé, et qu'on leur coupe menu, comme si c'était de précieux caviar, en leur recommandant de le bien nettoyer, pour ne pas en être incommodés. Ils n'osent élever la voix, de peur des punitions. N'est-il pas révoltant de voir ainsi violer la règle, les décisions synodales et mépriser les décrets impériaux ? Si le monarque daignait ordonner une enquête, l'audace de ces barbares prendrait fin aussitôt.

Nous sommes au vers 250. Ici s'arrêtait, croyons-nous, le poème primitif ; plus tard on y a ajouté environ 200 vers, parmi lesquels deux passages seulement méritent d'être mentionnés, celui de l'ayozoumi et celui des malades.

L'ayozoumi ou « saint bouillon » forme, avec des fèves à l'eau et une décoction de cumin, tout le menu des simples moines, les mercredis et vendredis. Pour le préparer on emplit d'eau jusqu'au bord une énorme marmite à deux oreilles, on y met quelques oignons ; et alors, dit l'auteur, voyez prince, leur louable zèle : on la baptise au nom de la Sainte Trinité, c'est-à-dire que le cuisinier y laisse goûter de l'huile à trois reprises ; il y met, pour plus de parfum, quelques brins de thym ; on répand ce bouillon sur du pain, et c'est là ce qu'on appelle l'ayozoumin. « Je tire par l'habit mon voisin et lui demande : Qu'est-ce qu'on mange ? Il me répond : De l'iozoumin (1). En vérité il a raison, car l'aigreur des oignons me prend à la gorge et le vert de gris du chaudron paraît à la surface ».

Quant aux malades la chose est simple. S'il s'agit de l'higoumène, on court chez les médecins les plus célèbres ; ils viennent, tâtent le pouls du saint homme, indiquent des remèdes et s'en retournent, chargés d'argent ou de dons en nature. Pour le moine au contraire, c'est l'higoumène qui se fait médecin : « Laissez-le à jeun dans son lit durant trois jours. S'il demande à manger, un peu de pain et d'oignon ; s'il demande à boire, un tout petit peu d'eau ». « Que voilà un fameux médecin, un habile praticien ! Il surpasse Aétius et Hippocrate. Donnez-moi, sire,

_____

(1) Jeu de mots : ἰός « vert de gris », au lieu de ἅγιος « saint » et ζουμί « bouillon ».

le présent de bonne nouvelle et je vous l'indique-
rai. Après quoi, vous n'aurez plus peur de vous
noyer dans une rivière à sec, ni de voir un chien
crevé se lever pour vous mordre ».

Ce sont là des plaisanteries à la façon popu-
laire et par là même intéressantes. Ce troisième
poème, par sa malice, fait quelquefois songer aux
fabliaux de l'Occident. Il a dû être très lu en
Orient au moyen âge, il a dû faire la joie de bien
des générations de moines, qui y retrouvaient
certains détails de leur vie quotidienne et peut-être
le portrait approximatif de tels ou tels higon-
mènes de leur temps. Et c'est là sans doute ce
qui explique les nombreuses divergences des
manuscrits. Non seulement on a lu ce poème,
mais encore, comme il était rédigé en grande
partie dans un grec simple, facilement accessible
à chacun, on n'a pas résisté au plaisir de broder
sur lui et d'ajouter tel ou tel trait, qui complétait
plus ou moins bien le portrait ou le tableau. De
là, le grand nombre de variantes et d'interpola-
tions, qui ont on peut dire bouleversé l'aspect du
texte primitif.

∴

Dans le quatrième poème, et pour des raisons

analogues, le déchet est considérable aussi ; 160
vers à peine peuvent être retenus, sur presque
400 que renferme le manuscrit le plus étendu.

Quand j'étais petit, mon vieux père me disait :
« Mon enfant, apprends les lettres, autant qu'il est en
ton pouvoir. Regarde un tel, mon enfant; il allait à
pied, et maintenant il monte un mulet gras à double
harnais par devant. Quand il étudiait, il n'avait pas
de chaussures, et maintenant, regarde-le, il a mis
ses souliers à long bout. Quand il étudiait, jamais il
ne s'est peigné, et maintenant il soigne sa chevelure
et il s'en montre fier. Quand il étudiait, jamais il n'a
vu la porte d'un bain, et maintenant il prend son
bain trois fois la semaine. Son sein était plein de poux
en forme d'amandes, et maintenant il est rempli de
perpres à l'effigie de Manuel. Crois-en mes paroles
de vieillard et de père, et apprends les lettres, autant
qu'il est en ton pouvoir ».

Et j'ai appris les lettres avec beaucoup de peine.
Mais depuis que je suis devenu soi-disant un habile
littérateur, j'en suis à désirer quelques miettes de
pain ; j'insulte la littérature, je dis avec larmes :
« Maudites les lettres, Christ, et qui les recherche !
Maudits aussi le temps et le jour où l'on m'a mis à
l'école, pour y apprendre les lettres et soi-disant en
vivre !...

J'ai pour voisin un travailleur de peau, un pseudocordonnier ; ce n'en est pas moins un amateur de bons morceaux et un joyeux viveur. Quand il voit poindre l'aurore : « Vite, fais bouillir l'eau, dit-il à son garçon. Tiens, mon garçon, de la monnaie pour de bonnes petites tripes ; achète autant de bon petit fromage valaque, et donne-moi à déjeûner et après je ressemellerai ». Lorsqu'il a tordu fromage et tripes, on lui donne quatre grandes rasades. Il boit et rote. On lui en verse une autre encore et immédiatement il prend une chaussure et travaille. Quand vient ensuite, Sire, l'heure du dîner, il jette sa forme, il jette sa planche, et son alène et son verre à gratter et ses ficelles, puis dit à sa femme : « Maîtresse, dresse la table : comme premier plat le bouilli, comme second la matelote, en troisième lieu le pot-pourri, mais veille à ce qu'il ne houille point ! ». On sert, il se lave et s'assied. Malédiction ! lorsque je me retourne, Sire, et que je le vois entreprendre ces victuailles, cela me met la salive en mouvement et elle coule comme un ruisseau. Il s'emplit la bouche, il bâfre ce qu'on lui a cuisiné, et moi je vais et viens, comptant les pieds de mes vers. Il se gorge de vin doux dans un vaste gobelet, et moi je cherche l'iambe, je guette le spondée, je guette le pyrrhique et les autres mètres ; mais de quoi servent les mètres à ma faim sans mesure ?

Que n'est-il, lui aussi, cordonnier, ou que

n'a-t-on fait de lui l'un quelconque de ces petits artisans ou marchands qui emplissaient alors, ainsi qu'aujourd'hui, les ruelles de Constantinople et qui défilent devant nous, comme dans un cinématographe : un mitron, qui du moins peut se rassasier de pain d'essai ; le vendeur de yaourti (1), qui passe dans la rue, son récipient sur l'épaule ; un teinturier ; le portefaix, ancêtre du hamal, qui travaille tout le jour et reçoit vers le soir un bon morceau et une ample rasade ; ou encore le colporteur, marchand d'étoffes et de moulins à poivre, qui va criant : « Dames et ouvrières, mes bonnes ménagères, avancez, prenez des étoffes pour voiles, et mes moulins pour moudre votre poivre ! ».

Que lui conseille l'empereur ? Puisse-t-il lui tendre une main secourable et puisse sa domination s'étendre sur terre et sur mer.

---

(1) Sorte de lait caillé, récemment introduit chez nous sous le nom de *yoghourt* ou de *maya bulgare.*

II

Rapport de ces poèmes avec d'autres écrits prodromi-
ques. — Ils ne sont l'œuvre d'aucun des deux Pro-
drome. — Un Prodrome travesti.

Voici terminée notre analyse des poèmes pro-
dromiques. Nous en avons à dessein supprimé de
nombreux passages, pour nous attacher surtout
à ceux qui peuvent être regardés comme primitifs.
Tout bien considéré, ces poèmes constituent un
genre littéraire inférieur ; mais cependant ils sont
intéressants à deux points de vue au moins.
D'abord linguistiquement : ils comptent parmi les
textes les plus précieux pour l'histoire du grec mo-
derne. Ensuite historiquement : par ce qu'ils nous
apprennent sur la vie médiévale ; non pas la vie
solennelle et officielle, mais celle de tous les jours,
dont on a précisément beaucoup de peine à trouver
des tableaux dans la littérature de cette époque.

Que cache cet amas assez disparate ? Avons-nous
là l'œuvre du célèbre rhéteur Théodore Prodrome ?

Pour les poèmes III et IV, le doute ne semble
guère possible. On est du reste à peu près d'ac-
cord à ce sujet, et la réponse est non. Suivant
les uns, l'auteur serait un certain Hilarion, men-

tionné au poème III. Suivant les derniers édi-
teurs, ce dernier point est lui-même des plus dou-
teux ; l'attribution de l'un de ces deux poèmes à
un individu quelconque, qui représenterait pour
nous quelque chose de précis, est très sujette à
caution. Ce sont des productions anonymes.

Pour I et II, il semble à première vue qu'il n'y
ait pas lieu d'hésiter, puisque l'auteur se nomme
lui-même. Quand il a envie de battre sa femme, au
poème I, il réfléchit et se dit : « Par ton âme, Pro-
drome, tiens-toi tranquille », et au dernier vers,
s'adressant à l'empereur : « Je crains qu'ainsi
vous ne perdiez votre Prodrome, le meilleur de
de ceux qui font pour vous des vœux ». Au poème
II il écrit également : « Ne vous méprenez pas,
Sire, sur ma ptochoprodromerie et ne vous
attendez pas à me voir me nourrir de plantes des
montagnes (comme saint Jean-Baptiste Pro-
drome). Je ne dîne pas de sauterelles et je n'aime
pas les herbes ». Ces trois passages paraissent
probants. Ils pourraient l'être en effet, mais à
une condition, c'est qu'il ne s'agit ici ni d'une
imitation ni d'un travesti (1).

(1) Nous ne faisons que reproduire ou résumer ici la préface
de l'édition que nous avons donnée en collaboration avec
M. Hesseling.

Or, quand on compare attentivement ces poé-
sies avec d'autres des deux Prodrome dont nous
avons admis l'existence au début, on est frappé
par certaines analogies. Le passage, où notre
auteur déclare qu'il n'a pas l'habitude de manger
des sauterelles, se trouve en germe dans une autre
œuvre prodromique en grec savant. Telle fin,
celle du poème I par exemple, ressemble beau-
coup à celle d'une épître en langue ancienne adres-
sée par Prodrome à Théodore Stypiotis. Et, à
ce point de vue, aussi bien qu'à celui de la langue
et de la contexture des poèmes, il ne semble pas
qu'il y ait lieu de faire une distinction entre I et
II d'une part et III et IV d'autre part.

Exemple d'imitation dans le poème III. Pro-
drome a écrit, en s'adressant à l'empereur Manuel
Comnène et en comparant son prénom à celui
d'Emmanuel, par lequel Isaïe désigne le Messie :
« Vous êtes, Manuel, une nature imitative du
Christ, christonymique moins une syllabe ». Dans
notre poème III, que trouvons-nous ? « O votre
grande philanthropie, imitative du Christ ! En
vérité vous êtes, ô Manuel, Dieu et homme ;
Emmanuel, roi des rois, moins quarante-cinq ».
Pourquoi quarante-cinq ? Parce que les deux
premières lettres du mot Emmanuel, εμ, retour-

nées, font en notation grecque le nombre 45.
On saisit ici sur le fait non seulement l'imita-
tion, mais l'exagération.

Quant au poème IV, il existe aussi, sous forme
d'épître en vers hexamètres adressée par Théo-
dore Prodrome à Anne Ducas. Dans cet épître
l'auteur déclare que son père lui a conseillé de cul-
tiver les lettres, puisque sa faiblesse lui interdit la
carrière des armes : « Mon enfant, donne tout
ton soin aux livres, aime la science et peine gran-
dement pour les lettres, qui te rendront glorieux
et heureux parmi les mortels, riche en biens et
utile à tes compagnons. Voilà ce que me conseil-
lait mon père, et moi je me suis réjoui de l'en-
tendre, espérant dans mon cœur ce qui ne devait
pas s'accomplir. Depuis j'ai peiné autant que j'ai
pu, tous les jours ». Mais mal lui en a pris ; il n'a
pas de quoi vivre, il envie le sort des simples
ouvriers, du cordonnier, du berger, qui boit du
lait tout son saoul, et le refrain est : « Allez-vous
en loin de ma vie, allez-vous en, ô livres ! »
L'étroite parenté de cette épître et du poème IV
est indéniable et il est indéniable aussi qu'ici
encore c'est le poème en grec vulgaire qui est
l'imitation.

Nous avons employé plus haut le mot **tra-**

vesti, et ce n'est pas sans intention. Qu'on répar-
tisse d'une façon ou de l'autre entre les deux Pro-
drome l'abondante production en langue savante
qui nous est parvenue sous ce nom, dès qu'il
s'agit des poèmes en grec vulgaire, toujours la
même objection se posera : comment un auteur
ou des auteurs, qui ne manquaient pas de finesse
et qui connaissaient si parfaitement la langue
ancienne, auraient-ils commis des fautes de goût
et de grammaire pareilles à celles dont four-
millent nos poèmes ? Non ; pour nous ces poésies
ne sont pas de Prodrome, elles ne sont qu'un
écho prodromique. Prodrome a brillé au premier
rang parmi les courtisans quémandeurs, les poètes
soi-disant faméliques de la cour de la Byzance ;
ce genre a plu à certains esprits, et ils l'ont cul-
tivé. Ce qui, chez Prodrome, était l'expression
de besoins réels, est devenu chez ses imitateurs
un simple thème, sur lequel ils ont peu à peu
renchéri, sans souci de la vraisemblance. Le
Prodrome qui nous est parvenu de la sorte est
bien un Prodrome travesti. Tout ainsi nous
devient clair : les remaniements successifs, les
vers empruntés à l'œuvre de Théodore Pro-
drome, les fautes de goût, les nombreuses exa-
gérations, les contradictions, le nom de Ptocho-

prodrome, par lequel on a désigné cette carica-
ture du Prodrome officiel, et jusqu'à l'emploi
de la langue vulgaire. Ces poèmes peuvent être
instructifs et aussi avoir par endroits quelque
valeur littéraire ; ils n'en restent pas moins
un simple travestissement.

CHAPITRE III

LA CHANSON DES CENT MOTS ET
LES PREMIERS RECUEILS DE POÉSIES LYRIQUES

I

LA CHANSON DES CENT MOTS (1)

Versions modernes. — La version médiévale du manuscrit de Londres. — Parenté avec la légende d'Œdipe et du sphinx et avec des contes et chansons modernes. — *La Chanson des cent mots* est inspirée des alphabets d'amour et des devinettes par nombres. — Origine des chansons dites populaires.

On a signalé en Épire, à Argos, à Chio, sur les points les plus divers du domaine hellénique, une chanson qui s'intitule, suivant les

(1) Ἐρωτοπαίγνια, *Chansons d'amour*, publiées d'après un manuscrit du xvᵉ siècle avec une traduction, une étude critique les Ἑκατόλογα (*Chanson des cent mots*), des observations grammaticales et un index par D. C. Hesseling et Hubert Pernot (*Bibliothèque grecque vulgaire*, tome X), Paris, Athènes, in-8°, xxxv et 187 pages. On trouvera, p. vii, note, toute la bibliographie.

Hist. de littér. gr. mod.

pays, soit *Les Nombres*, soit *Les Cent mots*, soit
Les Cent mots d'amour. Elle se compose d'une
série de distiques rimés qui débutent par des
noms de nombre. En voici quelques-uns :

Un Dieu nous a créés, toi et moi, ma tourterelle,
pour que doucement nous nous embrassions sur les
lèvres et la bouche.

Deux yeux tu as, jouvencelle, par lesquels tu flétris
les cœurs ; tous les jeunes gens tu les a troublés, et
moi tu me rends fou.

Trois grâces t'a données Dieu, par la Sainte Trinité :
la raison, la beauté et toute la gentillesse.

Les distiques se poursuivent ainsi, en variant
naturellement avec les versions, jusqu'au nombre
10, qui se présente à Chio sous la forme suivante :

Va par décades, dis tes mots de dix en dix, pour
voir si tu atteindras cent et me prendras comme
femme.

Viennent alors huit autres distiques commen-
çant par les dizaines, de 20 à 90. Le neuvième
et dernier est ainsi conçu :

A cent tu diras le « oui » et non plus le « non », et
ta mère elle-même nous mettra les couronnes (1).

(1) C'est-à-dire « nous mariera ».

Ces quelques extraits éveillent l'idée de ce que, dans la littérature médiévale européenne et spécialement italienne, on nomme un *contrasto*, à savoir une discussion, ordinairement un débat d'amour, entre une jeune fille et un jeune homme, débat dont la jeune fille est l'enjeu. D'autres versions d'Athènes, d'Égine, de Naxos, de Kos, de Rhodes, de Chypre, etc., lèvent d'ailleurs tous les doutes: elles contiennent non seulement les *nombres*, mais aussi les circonstances qui les expliquent et qu'on verra tout à l'heure ; certaines d'entre elles sont fort longues ; elles renferment jusqu'à 250 vers, au lieu des 40 dont nous venons de parler. Il s'agit bien d'un contrasto. Nous en connaissons du reste d'autres dans la littérature néo-hellénique, tel par exemple celui de la *Chanson des métamorphoses*. Le mot lui-même est employé, sous sa forme verbale, au commencement d'un débat entre Charon et l'Homme :

'Ο Χάρων καὶ ὁ ἄνθρωπος στέκουν καὶ κοντραστάρουν,

Charon et l'Homme sont en train de faire un contrasto ;

mais le terme vraiment grec pour désigner le genre particulier de débat dont il est ici question δικάζομαι :

Κόρη καὶ υιὸς δικάζονται ἀπόνα παραθύρι
Jeune fille et jeune homme débattent par une fenêtre.

Pourquoi, dira-ton, ces variantes modernes
d'une chanson populaire grecque, à propos de la
poésie lyrique médiévale de ce pays ? C'est que
cette chanson nous est attestée assez ancienne-
ment. On en trouve, dans un manuscrit du
xvᵉ siècle conservé au Musée britannique, une
version pareille sur bien des points aux versions
modernes les plus complètes, elle-même déjà
corrompue par endroits, et dont la forme primi-
tive paraît avoir été celle-ci :

Un jeune homme aime une jeune fille, qui ne
veut pas de lui. Elle le trouve trop jeune et lui
dit, à peu près comme dans la poésie bien connue
de Zalokostas (1) : « Pour des soupirs, pour les
peines de l'amour, tu es encore petit. » Mais, plus
avisé que l'amoureux de Maro, sans doute un
peu plus âgé aussi, le jouvenceau de notre chan-
son n'attend pas d'avoir grandi ; il réplique immé-
diatement à la belle :

— Et comment le sais-tu, jouvencelle, que je ne sais
rien de l'amour ? Que ne m'as-tu d'abord essayé et
ensuite interrogé ? Tu aurais vu des embrassements

(1) Zalokostas, *Œuvres complètes*, Athènes, 1873, p. 307-308,

de petit, des habiletés de petit, (tu aurais vu) comment il cajole le baiser, comment il gouverne l'amour. Le pin est un grand arbre, mais il ne produit pas de fruit; l'épi est tout petit, vois-tu quel fruit il produit?... Et, si tu ne me crois pas, jouvencelle, et si tu n'es pas renseignée, mets ta chaussure de liège et entre dans le jardin; vois-y les petits pommiers, vois-y aussi les grands; les petits résistent au vent aussi bien que les grands.

Et alors la jouvencelle dit au jeune homme :

— Je vais t'interroger, garçon, sur cent mots, et si tu les démêles à coup sûr, je te rassasierai de baisers.

Et alors derechef le jeune homme dit à la jouvencelle :

— Tes mots, madame, je ne les connais nullement; cependant je vais faire réflexion, rassembler mon jugement. Énumère-les, jouvencelle, et moi je les démêlerai.

La jeune fille alors lui donne successivement les nombres, et sur chacun il fait quelques vers. Le contrasto ici se complique donc : nous sommes maintenant en présence d'un de ces défis poétiques dont on trouve de toutes parts des exemples, aussi bien dans la littérature écrite que dans la littérature orale, et qu'il faut se garder de rattacher rigoureusement les uns aux autres. Ils prennent les formes les plus diverses : tantôt ce sont deux

personnages qui, comme dans le troisième églogue
de Virgile, luttent à qui composera les plus jolis
vers, tantôt c'est un amoureux qui fera l'éloge
de sa belle en une suite de strophes commen-
çant par chacune des lettres de l'alphabet, tantôt
encore ce seront tout simplement deux mégères
qui s'injurieront en distiques, sur le pas de leur
porte, et dont la verve s'excitera aux risées du
public. Des faits semblables peuvent se produire
indépendamment, partout où la veine poétique
est suffisamment abondante.

A vrai dire, dans le texte primitif de la *Chanson
des cent mots* tel que nous pouvons le restituer,
d'après toutes les versions que nous possédons,
le jeune homme ne se met pas en frais d'imagi-
nation. Les réponses qu'il donne à la jeune fille
pour les nombres *un* et suivants sont : 1. J'ai
aperçu une jeune fille et elle m'a pris dans ses
filets. 2. Tu chagrines deux yeux, jouvencelle, et
tu flétris un cœur ; un corps est tourmenté à
cause de toi. 3. Trois ans si l'on me mettait dans
les fers à cause de toi, trois heures cela me paraî-
trait, par grande tendresse pour toi. La tradition
de 4 est douteuse. 5. Cinq fois par jour je m'éva-
nonis ma dame ; une le matin, une le soir et trois
à midi. Le nombre 6 (ξϛ) est contenu dans le mot

ἐξέστηκα « je me suis extasié ». Je me suis extasié devant tes membres, ta beauté merveilleuse ; j'ai satiété de tes charmes, mais je suis privé de toi. 7. Si le Créateur avait mis en moi sept âmes, ton amour me les arracherait toutes les sept. 8. Huit tourterelles volaient au haut des cieux ; l'une avait des ailes d'or et je pensais que c'était toi. La tradition de 9 est douteuse. A 10, il est question d'une sorte d'envoûtement fait avec dix piques.

Satisfaite de la façon dont le garçon a traité les dix premiers nombres et peu désireuse elle-même, semble-t-il, de prolonger l'épreuve outre mesure, la jeune fille lui déclare : « Je sens que je te donnerai le premier baiser..., va de dix en dix pour abréger ». Le jeune homme triomphe encore de cette deuxième partie de l'épreuve, et, après le nombre 100, il reçoit très largement le prix de sa victoire.

Nous avons constaté, à propos de Digénis Akritas, la survivance chez le peuple grec de chansons qui, selon toute probabilité, remontent au siècle et nous ne nous étonnerons donc pas de trouver dans un manuscrit du xv° des productions du même genre, courantes encore actuellement.

Là n'est pas à vrai dire le principal mérite du manuscrit de Londres. Ce par quoi il nous intéresse surtout, c'est qu'il est un intermédiaire entre l'état présent de la tradition, que nous apercevons dans les versions modernes de la *Chanson des cent mots*, et un état beaucoup plus ancien, que nous allons maintenant essayer de dégager.

On nous a conté à tous, dans notre enfance, la légende d'Œdipe et du sphinx, qui, sur la route de Delphes à Thèbes, proposait des énigmes aux passants et mettait à mort ceux qui ne pouvaient les résoudre. A Œdipe il posa cette question : Quel est l'animal qui marche à quatre pattes le matin, à deux pattes à midi et à trois pattes le soir ? Celui-ci répondit que c'était l'homme, aux trois phases de la vie, enfant, adulte, et vieillard s'appuyant sur un bâton. Le sphinx alors se précipita du haut d'un rocher et périt.

Voici, résumé d'après deux versions, l'une de Naxos, l'autre de Tinos, un conte grec moderne qui montre que cette tradition du sphinx n'est pas encore perdue chez le peuple. On y trouvera un mélange curieux, et d'ailleurs fréquent, de plusieurs légendes : *Œdipe*, *le Chat botté* et l'*Histoire du cinquième frère du barbier* des Mille et une nuits, qui n'est pas sans analogie avec celle de *Perrette et le pot au lait*.

Il y avait une fois un homme, qui trouva un pois chiche. Il se dit : « Si je le mets en terre, il en sortira une plante qui me donnera l'année suivante cent pois chiches. En les mettant de nouveau en terre, j'en aurai, l'année d'après, dix mille, et ainsi de suite ; si bien que je pourrai demander qu'on me donne les navires du roi pour les transporter ». Sans penser qu'il n'avait même pas de place pour faire sa plantation, il se rend d'emblée chez le roi, son pois chiche dans sa ceinture, et lui demande de disposer de ses navires. Ébloui, le roi lui donne sa fille en mariage.

Dans la version de Tinos, le roi, pour s'assurer que le jeune homme est d'illustre rang, le fait coucher une première nuit dans des draps en chiffons et avec une couverture déchirée ; celui-ci ne peut fermer l'œil, non pas qu'il y soit mal, mais parce qu'il craint de perdre son pois chiche. La nuit suivante, on lui fait un lit convenable et il dort parfaitement. Satisfait de cette épreuve, le roi lui donne sa fille.

Une dizaine de jours après le mariage, on dit à notre homme d'aller chercher ses pois et il s'éloigne avec la princesse. Il va de l'avant et demande succes-

sivement à un apiculteur, à un boulanger, à un ber-
ger, en les payant bien, de nourrir largement la prin-
cesse et ses gens, et de déclarer, si on les interroge
sur la provenance des victuailles, qu'elles sont à
Polyrovithas c'est-à-dire à « celui qui a beaucoup de
pois chiches ».

Plus loin il trouve un dragon qui, du haut d'une
tour, propose aux passants douze énigmes et dévore
ceux qui ne peuvent les résoudre. Le dragon lui
demande : « Un mot, quel mot ? » Le nouveau prince
répond : « Un est Dieu. — Deux mots, quels mots ? —
Un est Dieu, un diable a deux cornes. » Les demandes
et les réponses se succèdent ainsi jusqu'à douze, et
chaque fois, le jeune homme (ceci a quelque impor-
tance) reprend à partir de un. On trouve ainsi succes-
sivement : Un est Dieu, un diable a deux cornes, une
table a trois pieds, une vache a quatre tétins, cinq
doigts a la main, six étoiles a la poussinière, une
ronde de sept vierges, un poulpe (octapode) de la
mer, un enfant de neuf mois, un veau de dix mois,
un poulain de onze mois, un mulet de douze mois.
Alors le dragon se précipite de sa fenêtre et meurt.

Dans la version de Tinos, ce n'est pas le jeune
homme qui répond au dragon, mais une vieille
femme, qui par sympathie a pris sa place. Les ré-
ponses sont celles-ci, sans qu'il y ait, comme dans la
version précédente, répétition continuelle à partir de
un : Un est Dieu, deux mots justes, trois pieds a le

LA CHANSON DES CENT MOTS 107

trépied sur lequel on met la marmite, quatre tétins a la vache, cinq doigts que nous avons à la main, six étoiles a la poussinière, une ronde de sept vierges, à huit bras est le poulpe, neuf mois t'a porté ta mère. Et, au dixième et dernier mot, la vieille dit : « Ceci est ton mot à toi, crève, dragon ».

Le prince entre dans le palais, il y trouve de grandes richesses, des céréales en abondance, des pois chiches qu'il aimait tant, il fait les honneurs de la maison à la princesse, quand elle arrive avec sa suite, et ils y vivent heureux beaucoup d'années.

Il n'y a pas ici, on le voit, identité avec la légende d'Œdipe, mais la ressemblance du moins est indéniable.

Si de la prose nous passons aux vers, tout en restant dans le domaine grec, les traditions populaires nous fournissent, dans le même ordre d'idées, deux sortes de chansons, les unes de caractère religieux, les autres de caractère purement profane. Voici un exemple du premier genre. Il provient de l'île de Skopélos.

Appelons-le un. Un est Dieu, c'est en lui que nous croyons, nous glorifions le Seigneur.

Appelons-le deux. En deuxième lieu la Vierge, un Dieu, c'est en lui que nous croyons, nous glorifions le Seigneur.

Appelons-le trois. Trois est la Sainte Trinité, en deuxième lieu la Vierge, etc.

Appelons-le quatre. Quatre sont les Évangélistes, trois est la Sainte Trinité, etc.

Appelons-le cinq. Cinq vierges sages, quatre sont les Évangélistes, etc.

Appelons-le six. Six sont les exaptères, cinq vierges sages, etc.

On trouve successivement encore les sept mystères, les huit modes, les neuf ordres, les dix commandements, les onze évangiles de l'aurore et enfin les douze apôtres. J'ignore quand et comment se dit la chanson en question.

Très nombreux sont les exemples du second genre. Celui dont nous allons citer les deux premières strophes et qui est de provenance épirote, rappellera sans doute au lecteur d'autres productions similaires, soit grecques, soit françaises.

Appelons-le un. Un le rossignolet et la petite hirondelle; tout le mois de mai elle gazouille, elle gazouille et chante.

Appelons-le deux. Deux perdrix rayées, un le rossignolet et la petite hirondelle; tout le mois de mai elle gazouille, elle gazouille et chante, etc.

Et l'on va voir que nous ne sommes nullement

éloignés de notre sujet, car voici revenir les devi-
nettes de tout à l'heure : Trois sont trois pieds de
charrue. Quatre tétins a la vache. Cinq doigts a
la main. Six étoiles a la poussinière. Sept pieds a
la danse. Octapodes de la mer. La chanson s'ar-
rête au nombre huit.

La similitude de cette deuxième pièce surtout
et du conte de tout à l'heure est frappante. Le
cadre seul est différent : d'une part un de ces récits
qu'on fait à la veillée, de l'autre une chanson
enfantine. Mais le fonds est le même. Dans les
deux cas il s'agit de nombres, de devinettes sur
les nombres, et il n'y a même pas entre le conte
et la chanson de démarcation bien tracée : le jeu
d'enfants semble avoir influencé une version au
moins du conte, celle de Naxos, puisque dans
cette version, et bien inutilement, le jeune
homme, quand il répond aux questions du dra-
gon, reprend à chacune de ses réponses la suite
des nombres, à partir de un.

On pourrait, en élargissant, montrer qu'il s'agit
d'une tradition antérieure à l'époque hellénique,
répandue un peu partout sous des formes très
diverses, mais nous nous bornerons à constater ici
existence dans le folklore grec, dès une période
reculée, à en juger par la légende d'Œdipe, d'un

type de devinettes correspondant à des nombres qui se suivent, et la persistance de ce type jusqu'à ce jour, sous des aspects variés, contes ou chansons.

* *

Nous revenons ainsi, avec des données nouvelles, qui vont éclaircir la question, à la *Chanson des cent mots*.

Il y a dans cette chanson deux éléments : un débat amoureux ou contrasto, et, comme principal épisode de ce débat, les nombres. On attendrait plutôt, dans cet épisode, un alphabet d'amour, c'est-à-dire une série de strophes ou de distiques commençant successivement par chacune des ving-quatre lettres. Ces alphabets étaient courants au xve siècle et notre manuscrit en contient même plusieurs échantillons ; on y célébrait les louanges de la bien-aimée ; l'un d'eux eût donc été ici tout à fait à sa place. Pour une raison que nous ignorons, peut-être uniquement par un désir de nouveauté, l'auteur, qui connaissait la tradition des devinettes par nombre — un passage de son poème le prouve (1) — a préféré les nombres aux lettres,

_____

(1) Ci-dessus, page 101. Le verbe que nous avons traduit par « démêler » est en effet ξεδιαλύνω, qui s'emploie dans le sens « d'expliquer un songe, résoudre une devinette ».

mais il s'est dégagé du type de la devinette pour se tenir tout près de celui de l'alphabet d'amour : quand la jeune fille lui dit *un*, l'amoureux ne cherche pas à trouver ce qu'est *un*, mais simplement à faire un distique commençant par ce nombre.

Tel qu'il était, ce poème a plu à la foule, qui l'a appris, gardé, et en a fait ainsi une chanson populaire. Il a donc eu le destin de ces sortes de chansons ; ici il s'est écourté, là il s'est allongé, ses éléments se sont altérés ou mélangés à d'autres. Mais le fait le plus curieux de cette destinée ultérieure, c'est que le type devinette, absent du manuscrit de Londres, également étranger, sauf peut-être dans un passage, à une autre version manuscrite du xvi° ou du xvii° siècle, a pénétré dans la *Chanson des cent mots* à une époque récente. Il n'y a pas substitution complète ; bien des choses subsistent encore, dans les versions modernes, des leçons primitives ; pourtant la tendance est nette. C'est tantôt une partie, tantôt l'ensemble de ces versions qui emploient le type devinette. Les thèmes qui apparaissent ainsi rappellent ceux que nous avons déjà rencontrés : Dieu répond à 1 ; 3 et la Sainte Trinité, 4 les bras de la Croix, 6 la cussinière, 7 les planètes, 8 les bras du poulpe, les mois de grossesse, 20 les doigts du corps

humain, 30 la rose (en grec, trente-feuilles). On
peut dire en somme qu'il y a tendance à revenir
au type primitif, au détriment du type littéraire.
Le peuple a l'intuition qu'un élément étranger est
venu se mêler à la vieille tradition et il s'efforce
de le rejeter.

*
* *

Cette chanson des cent mots est instructive à
d'autres égards encore, notamment par les con-
clusions qu'on en peut tirer sur la nature des
chansons populaires, grecques ou autres, et sur
la façon dont elles se sont transformées.

L'auteur en est habituellement un lettré. Tel
était certainement celui qui a composé notre
chanson, et c'est, semble-t-il bien, le cas ordi-
naire : l'ignorant, l'homme du peuple, ou bien
ne composent guère que de petites pièces de cir-
constance, ou bien se bornent à remanier de
vieux clichés ; leur inspiration est toujours courte
et inégale.

Il est à peine besoin d'ajouter que toutes les
poésies de lettrés ne sont pas susceptibles de se
transformer en chansons populaires. Pour qu'une
œuvre savante soit adoptée par le peuple et se
fixe chez lui, il faut qu'il en aime et la langue et

le sujet. Tel a été encore le cas pour la *Chanson
des cent mots*.

Précisons par un exemple emprunté à la litté-
rature grecque contemporaine :

Nous avons fait plus haut allusion à une poésie
de Zalokostas intitulée *Le baiser*. Un enfant de
dix ans s'éprend d'une jeune fille ; elle l'embrasse
et lui dit qu'il est bien petit encore pour les tour-
ments de l'amour. Il grandit, la recherche : le
cœur de la jeune fille est à un autre, elle a oublié
l'enfant; mais lui ne peut oublier son baiser. En
tout, 16 vers, très courts, que chante aujourd'hui
le peuple grec. Dans les villes il n'est personne
qui ne les sache. Ils n'ont pas encore pénétré dans
tous les villages; ils y pénétreront sans doute.
Peu de gens connaissent le nom de l'auteur. Si
nous ne vivions pas à une époque de journaux et
de livres, tout le monde sans doute l'ignorerait.
Tel est type de la chanson populaire : une œuvre
littéraire adoptée par le peuple et dont on ne
connaît plus le nom d'auteur.

Ces chansons populaires, dont nous avons sur-
pris les traces, sous couleur épique, dès le x° siè-
cle, que nous voyons poindre maintenant dans
genre lyrique, en quel état nous sont-elles par-

venues, c'est-à-dire dans quelle mesure leur forme actuelle correspond-elle à celle des vieilles chansons qui, du x⁰ au xv⁰ siècle, ont germé en si grand nombre sur le sol grec?

La Chanson des cent mots permet aussi, semble-t-il, de répondre à cette question, au moins sur un point essentiel.

On a pu en effet, grâce aux versions modernes de ce poème et au texte de Londres lui-même, d'ailleurs déjà fort altéré, rétablir dans ses grandes lignes, et quelquefois dans certains détails, la version primitive. Or, le texte de Londres, fidèle gardien en ceci de la tradition originale, n'est n'est pas rimé. Au contraire, les chansons modernes le sont, du moins dans la partie qui concerne les nombres. Une comparaison entre ces deux états de la tradition montre combien, pour l'amour de la rime, les remanieurs ont maltraité le texte primitif. Sur deux vers rimés, souvent le second est entièrement de leur invention ; il arrive même que le premier soit à son tour influencé par lui, de sorte que l'ensemble ne garde plus aucune trace de la pensée première.

Si l'on songe qu'entre le xv⁰ siècle — date où l'usage de la rime pénètre en Grèce — et l'époque actuelle, nombre de chansons anciennes ont été modifiées de la sorte, que tel fut notamment le cas pour une foule de distiques, cette fleur de la poésie néo-hellénique, on peut, sans être taxé d'exagération, qualifier de néfaste l'influence de la rime dans la conservation des chansons populaires grecques. Sans doute une comparaison minutieuse des diverses variantes d'un même texte permettra parfois de restituer, malgré la rime, le texte primitif, sinon en toute certitude, du moins avec une approximation suffisante. Mais ce ne seront probablement là que des faits exceptionnels. Il est à craindre que cette intrusion de la rime ne constitue dans la plupart des cas un dommage irrémédiable.

II

LES PREMIERS RECUEILS DE POÉSIES LYRIQUES

Poésies de Londres et de Vienne. — Traits communs. — Les beautés de la bien-aimée. — Caractères de ces recueils. — Persistance en Grèce d'un lyrisme populaire.

Le texte dont il vient d'être question n'est pas seul dans le manuscrit de Londres, il relève

d'un ensemble qui se divise en six parties :
1° onze strophes rangées alphabétiquement et
formant 107 vers ; 2° quinze distiques également
en ordre alphabétique ; 3° la Chanson des cent
mots; 4° trois cents vers environ de poésies di-
verses ; 5° cinquante vers en alphabet; 6° encore
quelques poésies diverses ; en tout 714 vers. Ces
poésies en rappellent d'autres, tirées par Legrand
d'un manuscrit de Vienne et publiées par lui
dans l'ordre suivant (1) : 1. Philosophie de l'ivro-
gne, poème bachique que nous passerons ici
sous silence ; 2. alphabet d'amour ; 3. Séduction
de la jouvencelle (2) ; 4. poésies diverses ; 5. dis-
tiques ; en tout 926 vers. Chronologiquement
les deux textes ne sont guère éloignés l'un de
l'autre, puisque ce dernier paraît dater de la fin
du xv° siècle ou du commencement du xvɪᵉ. La
teneur en est sensiblement la même. On est donc
autorisé à les réunir dans un seul exposé pour

(1) *Recueil de chansons populaires grecques publiées et tra-
duites pour la première fois par* Émile Legrand (*Collection de
monuments pour servir à l'étude de la langue néo-hellénique,*
nouvelle série, n° 1). Paris, 1874, in-8°, xɪɪɪ-376. L'ouvrage est
aujourd'hui épuisé, mais une nouvelle édition de la partie qui
nous occupe ne tardera sans doute pas à paraître.

(2) Pernot, *Anthologie populaire de la Grèce moderne,* Paris,
1910, p. 77-84.

essayer d'en indiquer certains traits généraux.

A l'exception de la Philosophie de l'ivrogne, toutes ces poésies sont des poésies amoureuses. D'une lecture fort agréable, riches en vers bien tournés et en jolies expressions, elles sont assez uniformes pour le fonds et bien souvent se ramènent à ceci :

Hélas ! rameau flexible, de quelles amertumes tu m'abreuves ! Tu me brûles le cœur, tu me flétris l'âme.

« Les Grecs, a dit Madame Adam, ont le soleil triste. » Ils ont cela de commun, nous semble-t-il, avec tous les méridionaux — étant bien entendu qu'on distingue l'exubérance du geste, de la gaîté proprement dite —, et l'on peut par conséquent se demander si cette tristesse n'est pas l'effet ordinaire de l'excès de soleil. Quoi qu'il en soit, il est en effet incontestable que les chants d'amour grecs sont pour la plupart imprégnés de mélancolie, et ceux-ci ne font pas exception à la règle ; ce qu'ils célèbrent dans l'amour, c'est moins ses joies que ses peines : les hésitations et les transes de l'amoureux timide, les tourments que lui causent sa passion, l'envie des voisins, les regrets de la séparation.

Études de littér. gr. mod.

Humble que je suis, j'ai projeté, ma dame, de con-
verser avec toi, et j'ai grand peur de ta seigneurie,
car tu es inabordable, tu ne veux rien entendre, et je
suis un malheureux, ma dame, je crains de te parler. ·

Combien d'amoureuses peines, quels grands sou-
pirs, que de médisance j'ai soufferts à cause de toi !

Chaque jour je me consume, le feu me dévore
comme le chaume ; je n'ai plus qu'un espoir, c'est
que le Christ voie les souffrances de mon cœur, qu'il
lui donne le calme et qu'il envoie ma pauvre âme
dans la paix.

Ils jalousent notre amour, ma dame, tes voisins,
parce qu'il se tient solide comme une tour de fer ; ils
voient qu'il a été tressé commme une chaîne d'or,
cela leur a fort déplu, ils veulent nous séparer. Puis-
sent leurs yeux ne pas voir cela, leur âme ne pas
en jouir ; le mal qu'ils nous veulent puissent-ils le
voir sur eux, au chagrin de leurs amis, à la joie de
leurs ennemis.

Écoutez, vous tous qui avez beaucoup souffert de
l'amour. J'ai embrassé une fille élancée, une nuit,
un soir, et ses étreintes sentaient meilleur que le
musc, et ma poitrine embaume encore de son haleine,
et de ses doux baisers mes lèvres sont encore
douces. Et maintenant nous sommes séparés. Hélas!
que devenir ?

Parfois la violence de ces regrets est tempérée d'un peu de philosophie :

J'ai semé du blé en terre et du riz dans le sable, des baisers sur le bord du fleuve et un olivier dans le jardin ; et maintenant on vient me dire : « On moissonne le blé, on secoue les rameaux de l'olivier, on vendange les baisers. » Au diable les baisers, et toi, amour, va-t'en d'où tu es venu. Que la jeunesse me reste, et je trouverai d'autres baisers.

« Ὑγεία νάχωμε ! Pourvu que nous ayons la santé ! » dirait-on aujourd'hui, dans un sens analogue.

Ces baisers, c'est ce que demande le plus fréquemment le jeune homme :

Au fond de mon cœur je t'aime. Mes lèvres te blâment, mais dans ma pensée je me dis : « O Christ, que je voudrais l'embrasser ! »

O cruche, combien j'envie ta grâce charmante ! Toi cruche, moi homme, tu as meilleur sort que moi, puisque tu portes de l'eau fraîche aux lèvres de la jouvencelle !

Jeune fille à la marche de colombe, tourterelle qui se pavane, je t'ai vue, quand tu revenais fraîche du bain, et dès l'heure où je t'ai vue, le sang goutte de mon cœur, je voudrais te baiser sur les lèvres et la bouche.

Il n'est pas rare cependant que son désir s'exprime plus violemment :

Noisetier touffu, que je voudrais m'asseoir près de toi, te mordre les lèvres et en faire jaillir le sang !

Arbre vert et doré, fraîche fontaine, lorsque je pense à toi, ma bouche se dessèche.

Je me ferai colombe, je viendrai là où tu dors, étroitement je t'enlacerai, pour que toujours tu te souviennes de moi.

Fille aux sourcils pareils à une ganse et lumière de mes yeux, répit des peines que j'ai au cœur, que je dorme sur ta poitrine et advienne que pourra !

Il fait froid, c'est l'hiver ; comment resterai-je dehors, jeune fille ? Ouvre-moi ta porte, introduis-moi dans ton lit ; couchons-nous, puis endormons-nous, pour satisfaire notre amour, nos désirs de tant d'années.

Ma fleur aux couleurs variées, fraîche prairie, puissions-nous expirer tous deux sur un même oreiller !

Nous avons cité ces deux derniers passages, pour montrer jusqu'à quel degré de liberté peuvent aller ces chansons. Nulle part elles ne le dépassent et elles sont bien en cela l'image du peuple grec : pudique sans être pudibond, il ne s'effarouche pas des réalités, mais il ne s'y arrête pas non plus complaisamment et il les entoure volontiers d'un peu de poésie.

⁂

Parmi les thèmes amoureux traités dans ces chansons, les beautés de la bien-aimée occupent la toute première place : elle est le soleil ou l'un de ses rayons, l'étoile qui scintille, une lune sans taches ou plus exactement sans arbre, car, suivant certaines traditions, les taches de la lune sont un arbre, la rosée de la nuit, le givre de l'hiver, un cyprès aux rameaux d'or, à l'ombre épaisse, à la douce brise pleine de fraîcheur, un jardinet joli planté de roses, un rouge pommier doux, un oranger chargé de fruits, un citronnier émaillé de fleurs, un rameau de laurier, une cime de marjolaine, une excellente racine de baume ; elle est rose, pomme, coing et basilic ; c'est une tente gonflée par la brise, une rivière de miel couleur d'or, aux nombreux remous, au cours majestueux, une colonne de porphyre qui se dresse au palais, à laquelle s'appuie l'empereur et près de laquelle juge le logothète, une icône de la Vierge, une amulette impériale, l'honneur des rois et la gloire des seigneurs, une cité très enviée avec beaucoup d'argent, un verre au bord pourpré, rempli d'amour, une ceinture à aiguillettes dont l'amoureux voudrait être enserré, de la soie blanche et cramoisie, de l'or de Constantinople, du laiton de Galata, une veilleuse à chaîne d'or, une blanche lampe, un cierge étincelant, la lumière des yeux ; elle est mince comme un roseau, élancée comme une branche de cyprès, vêtue de vert ou de noir et, dans ce cas, elle ressemble à l'hirondelle.

Elle est blonde, aux fortes tempes. Sa tête est d'or, ses cheveux de soie, touffus, bouclés et nattés avec symétrie. Le soleil ne l'a point vue. Ses sourcils sont l'arc-en-ciel, ils sont déliés, pareils à une ganse. Ses yeux sont faits au pinceau, ils sont plumetés, plus beaux que le saphir, noirs comme l'encre, l'olive, ou l'aile du corbeau, pleins de tout l'amour du monde ; son regard est sucre, miel et rosée. Son nez est fait au moule et élégamment effilé. Ses lèvres sont pareilles à la cerise, rouges comme le corail, veloutées comme la prune ; elles sentent le musc et tressent la chaîne d'amour. Ses dents sont serrées et enchâssées comme les perles. Elle a un menton ovale, à fossette, un cou blanc comme marbre, des doigts fuselés, la marche de la colombe, des airs de reine, c'est une tourterelle qui se pavane. Des anges lui ont apporté la beauté. Dans tout son joli petit corps il n'y a pas le moindre défaut.

En regard de ce portrait on aimerait placer celui du bien-aimé. Nos poésies sont, comme on peut s'y attendre, des plus laconiques à cet égard. Quelques-unes cependant sont censées dites par la jeune fille. On y sent principalement la crainte de l'infidélité et la tristesse de la séparation :

(Mon amoureux) aux chevilles pourpre et or, aux talons de pourpre, je m'étonne, lorsque tu marches, que ta route n'embaume pas, que n'embaument pas les montagnes, que ne fleurissent pas les plaines.

Mille bienvenues, ô mon faucon, honoré et délectable, dextre entre tous, parure des braves. Que nulle femme ne jouisse de toi, ne te conquière, si ce n'est moi, la pauvrette, qui ai beaucoup pâti tous les jours de l'année. Ne dirige pas ton vol vers l'amour d'une autre femme, dont tu respirerais l'haleine et qui te ferait m'oublier.

Et qui marche les nuits, et qui chemine à l'aube, et qui me l'a ravi mon bel oiselet, mon bel oiselet au col rosé, la feuille de mon cœur? Je voudrais à cette

heure être morte, car tant que je vivrai et serai de ce
monde, je soupirerai tristement sur notre séparation.

Pour l'amour que tu me portes, mon très doux
maître, ne viens pas embrasser dans mon voisinage,
que je te voie, que je m'en afflige et que lourdement
je soupire. Te souviens-tu, mon maître, du serment
que tu m'as fait? Tu m'as dit et juré que jamais tu ne
me délaisserais. Et maintenant mes yeux voient que
tu es amoureux d'une autre. Hier, c'est avec elle
que tu es resté, avec elle que tu as dormi, et à moi
tu es venu dire que tu étais de veille. Je suis allée,
j'ai interrogé tous les gardes, ils m'ont dit et juré
qu'aucun d'eux ne t'avait vu. Tu as foulé aux pieds
ton serment et grand est ton péché.

Quand tu passes, tu ne me parles pas, tu me vois
et tu ne me salues pas, et les dames mes compagnes
disent que tu m'as oubliée et que tu en regardes une
autre. Si cela est vrai et qu'elle soit la meilleure,
eh! bien, regarde-la; mais si c'est moi qui suis la
meilleure, que lui sortent les deux yeux.

Plus empreinte de résignation et plus tou-
chante en même temps est la pièce suivante, une
des plus belles de nos deux recueils, malgré
quelques défauts de composition :

Tu t'es éloigné, mon maître, Dieu et les saints

oient avec toi ; du basilic sur ta route, du baume sur
ton chemin et des roses écarlates tout autour de tes
cheveux. Là où tu vas, mon maître, dans la ville où
tu entres, tu trouveras d'autres baisers et d'autres
embrassements. Au milieu des baisers tu soupireras
et, si la jeune fille est sensée, elle te demandera :
« Qu'as-tu, mon cher maître, pour soupirer si fort?
— J'eusse préféré, ma belle, ne pas être interrogé,
mais puisque tu m'as interrogé, je vais te le confesser.
La jeune fille que j'ai embrassée, je l'ai laissée à
Rhodes ; elle est assise à la lueur des étoiles, elle
resplendit avec la lune, elle ne cesse de s'informer de
moi : « Que fait mon rossignol, que fait mon oiselet,
que fait mon bel oiseau, qu'il ne se souvient pas de
moi ? »
Je t'en adjure, mon maître, par deux et par trois
fois : parle de mes bontés, parle de ma personne,
mais ne révèle pas les incartades que j'ai faites.
Follement j'ai fait mon lit, follement je me suis
couchée, et follement j'ai donné de doux baisers, parce
que je t'aimais beaucoup.

*
* *

Décousus en apparence et lorsque l'on ne s'en
ent qu'au détail, assez cohérents au contraire,
qu'on les envisage d'un peu haut et dans leurs
ndes lignes, que sont au juste les deux ou-

vrages que nous venons d'examiner? Ce sont tous
deux des *corpus*, des recueils. Recueils de chan-
sons telles qu'alors déjà elles étaient dites par le
peuple lui-même? Nous ne le croyons pas. Peut-
être est-ce le cas pour certaines de ces poésies;
ce ne l'est assurément pas pour toutes. On
trouve, aussi bien dans le manuscrit de Londres
que dans celui de Vienne, des idées et des vers
qui ont cours encore de nos jours, on y sent un
élément populaire, mais à côté de lui, parfois
même le recouvrant, est un élément savant, lit-
téraire, nettement visible par exemple dans la
Chanson des cent mots. Quel est, dans cet ensem-
ble, la part de l'un et l'autre de ces éléments? Il
est fort difficile de le distinguer.

Et c'est précisément ce qui caractérise, au point
de vue lyrique, l'époque à laquelle nous repor-
tent ces poèmes.

La poésie épique, en Grèce, est restée fragmen-
taire. Nous en avons trouvé sur notre route des
parcelles, mais aucun auteur, à notre connais-
sance, n'a pu faire une épopée de ces données
épiques.

La poésie satyrique, quand le théâtre ne lui
vient pas en aide, reste un genre assez peu popu-
laire et surtout ne vit pas longtemps parmi la

foule. C'est une succession de feux vite allumés et vite éteints. Tel a été le cas à Byzance, dans cette première période de la littérature néo-hellénique.

La poésie chevaleresque, dont nous ne nous proposons pas de parler ici, a donné des résultats meilleurs et plus durables, mais qui n'ont guère dépassé le temps même de la chevalerie et n'ont pas laissé de traces chez le peuple.

Seule, à cette époque, la poésie lyrique constitue un genre à la fois littéraire et populaire : littéraire par ses traits généraux, populaire par sa langue et les sources de son inspiration.

Elle a été alors des plus florissantes. Qu'elle ait, dans une certaine mesure, subi l'influence de productions similaires étrangères, cela n'est pas douteux, mais il est certain aussi que l'esprit grec se trouve naturellement porté vers ce genre poétique : le terrain était par lui-même excellent et il a beaucoup produit.

Or, tandis qu'en France, dès la fin du xiiie siè-cle, les poètes lyriques se sont détournés de la source populaire, pour se lancer dans la littérature courtoise, et que cette source a fini par s'ensa-bler et se tarir, en Grèce au contraire, poètes et paysans n'ont pas cessé de rester en contact très intime, on peut presque dire jusqu'à ce jour. Les

raisons d'ailleurs en sont simples ; la principale
est l'état politique du pays, qui a retardé la mar-
che de la littérature savante. Ce retard est assuré-
ment regrettable, mais il comporte une com-
pensation : en France, la plus grande partie
de ces productions primitives sont perdues; en
Grèce, on en trouve de nombreux et fort beaux
restes, qui n'ont besoin, pour être pleinement
goûtés, que d'être ordonnés et étudiés.

EGLISE SAINT-GEORGES-DES-GRECS, A VENISE
(état actuel.)

CHAPITRE IV

LES CRÉTOIS HORS DE CRÈTE

La Crète, possession vénitienne. — Colonie grecque de
Venise. — Les Crétois à Venise et à Padoue. — Marc
Musurus. — Calligraphes et imprimeurs. Zacharie
Callergis. — Démétrius Ducas en Espagne. — Les Cré-
tois en France : Ange et Nicolas Vergèce.

De tous les territoires helléniques qui furent
possessions vénitiennes, — depuis l'année 1204,
date où se fit entre les Croisés et la République

(1) W. Heyd, *Histoire du commerce du Levant au moyen âge*,
trad. française par Furcy Raynaud, Leipzig, 1885-1886, in-8°.
Xéroudos, *La colonie grecque de Venise* (en grec), 2ᵉ édit.,
Venise, 1893. Legrand, *Bibliographie hellénique des* xvᵉ *et*
xvᵉ *siècles*, Paris, 1885-1906, 4 vol. in-8°, auxquels nous avons
beaucoup emprunté dans ce chapitre. Facciolati, *Fasti Gym-
nasii Patavini*, Padoue, 1757, in-4°. Ant. Aug. Renouard, *An-
nales de l'imprimerie des Alde*, 3ᵉ édit., Paris, 1824. Ambroise
Firmin-Didot, *Alde Manuce et l'hellénisme à Venise*, Paris, 1875,
in-8°. H. Omont, *Fac-similés de manuscrits grecs des* xvᵉ *et*
xvᵉ *siècles*, Paris, 1887, in-4°. Lefranc, *Histoire du Collège de
France*, Paris, 1893, in-8°.

le partage de l'empire de Constantinople, jusqu'à celle de 1797, où Venise, abandonnant Corfou, semblait renoncer définitivement à ses anciennes conquêtes, — aucun ne joua, historiquement et intellectuellement, un aussi grand rôle que la Crète.

Cette île fut pour Venise une acquisition de première importance. Placée au croisement de deux routes maritimes extrêmement fréquentées, celle d'Occident en Orient et celle de Constantinople en Égypte, elle était un point de relâche tout indiqué pour les navires qui, au moyen âge, sillonnaient ces deux routes. Si ceux de France et d'Espagne pouvaient laisser la Crète sur leur gauche, lorsque les vents et les mille surprises des voyages de cette époque leur permettaient de suivre la voie la plus courte pour se rendre en Syrie et en Égypte, il n'en était de même, ni des génois, ni des pisans, ni des vénitiens. Pour ceux-ci la Crète était une escale tout indiquée, à laquelle ils auraient certainement touché, même s'ils n'y avaient eu aucun avantage commercial. Un arrêt à Candie était donc alors la règle générale. En s'en éloignant, les navires longeaient la côte de l'île jusqu'à son extrémité orientale et, comme ceux qui venaient de Constantinople et de la mer

Noire y touchaient également, avant de cingler
vers l'Égypte, les deux routes à partir de ce point
n'en faisaient plus qu'une.

L'ile était alors d'une assez grande fertilité. On
en exportait du blé, du vin, que des centaines de
bateaux emmenaient dans toutes les directions, et
aux douceurs, ou plutôt à la force duquel, les
grands personnages d'Égypte rendaient de secrets
hommages ; on en tirait aussi de l'huile, de la
cire, du miel, de la cochenille, du coton, du
sucre, enfin de la soie, qu'on travaillait, semble-t-
il, à Candie même.

La valeur politique du pays n'était pas moindre
que sa valeur commerciale. Celui qui en était
maître y trouvait une base militaire des plus
solides, surtout lorsqu'il y pouvait ajouter, comme
ce fut le cas, la possession des deux forteresses
continentales de Modon et de Coron, qui lui per-
mettaient de bloquer le passage du côté du con-
tinent. Ses frégates pouvaient relâcher à l'aise
dans les ports de l'île. Ses navires marchands,
alors même qu'ils n'y touchaient pas, s'en appro-
chaient et s'en éloignaient en toute sécurité.
Dans une lettre du doge Renier Zeno au pape
Urbain IV, en date du 8 septembre 1264, la
Crète est appelée avec raison la force et le

soutien des possessions franques en Orient.

L'occupation de cette île faisait partie d'un plan que les Vénitiens poursuivirent durant des siècles avec une remarquable ténacité et dont une autre nation devait s'inspirer ultérieurement, pour le réaliser sur une plus grande échelle encore. Ils visaient à acquérir des points stratégiques importants et, ceux-ci une fois occupés, ils laissaient aux colons une liberté relative; satisfaits des avantages commerciaux et militaires qui découlaient pour eux-mêmes de cet état de choses.

L'île de Crète, sous la domination vénitienne, fut placée en une sorte de régie indirecte. La République y fit de copieuses distributions de terres à ses propres citoyens ; elle y créa des fiefs d'importance variable, dont les propriétaires devaient le service militaire à toute réquisition du duc de Candie, tout en ayant la faculté de se livrer au commerce en temps de paix, et nécessairement, c'était sur des vaisseaux vénitiens, avec Venise et pour son plus grand profit, que se pratiquait ce commerce.

Les Crétois étaient trop jaloux de leur indépendance et trop belliqueux de nature pour se soumettre sans plus à des maîtres étrangers. Aussi la longue période d'occupation vénitienne

(1204-1669) fut-elle marquée par une série d'in-
surrections, dont plusieurs mirent les troupes de
la République en très fâcheuse posture ; telles celle
de 1277, où les insurgés en vinrent à assiéger
Candie ; celle que fomenta Alexis Callergis et
qui dura seize ans (1283-1299) ; celle de 1341, où
les Vénitiens furent momentanément réduits à la
possession de la capitale et de quelques châteaux ;
ou encore celle qui, en 1363, éclata à l'occasion
de la perception d'une nouvelle taxe, groupa,
contre l'autorité centrale, des colons vénitiens et
les insulaires, et faillit séparer définitivement la
colonie de la métropole.

Ce fut aux xiii\ :selected: et xiv\ :selected: siècles que se produi-
sirent les plus violents de ces soulèvements. Mais,
si cet état de lutte, tantôt ouverte et tantôt
sourde, rendit plus difficiles à certaines épo-
ques les relations entre Crétois et Vénitiens, à
aucun moment cependant ces relations ne ces-
sèrent complètement. Jusque très avant dans
xviii\ :selected: siècle Venise devait rester un centre puis-
sant d'attraction, non seulement pour les Crétois,
mais aussi pour tout l'hellénisme.

*
* *

La prise de Constantinople et l'envahissement

progressif des pays grecs par les Turcs, loin de diminuer cette puissance, eurent au contraire pour résultat immédiat de la fortifier. Nombreux furent ceux qui vinrent alors chercher sur le territoire de la République ce qu'ils n'espéraient plus trouver dans leur patrie asservie. Riches seigneurs, entourés de faste ; hommes de lettres ; professeurs, étudiants, qu'attirait l'ancienne et florissante université de Padoue ; ecclésiastiques ; grands et petits commerçants, avides de profits ; marins qui les servaient, ou s'enrôlaient sur les galères de Venise ; gens de guerre, qui formaient le corps spécial des stradiots, parmi lequel on comptait aussi des Albanais et des recrues levées sur la côte orientale de l'Adriatique, mais dont la seule dénomination (στρατιώτης, « soldat ») indique déjà l'origine hellénique ; tout ce monde affluait dans la cité des doges et se mêlait à la vie locale, sans s'y perdre pour autant.

Vers 1470, la colonie grecque de Venise comprenait environ 5,000 personnes, dont les 4/5 orthodoxes. Elle comptait 14,000 orthodoxes en 1606, et de ces chiffres se trouve naturellement exclue une population flottante probablement assez considérable.

Chaque peuple, lorsqu'il fonde une colonie,

révèle, dit-on, son caractère par les premiers détails d'organisation. Les Grecs songèrent dès le début à bâtir une église.

Pendant longtemps ils se heurtèrent de ce fait à de grandes difficultés. On leur avait d'abord accordé l'autorisation d'officier dans les églises latines, mais ce culte et ces prédications schismatiques n'allaient pas sans obstacles de la part des autorités, ni surtout du clergé local. Aussi, le 28 mars 1470, le Conseil des Dix décrétait-il que les Grecs devaient officier uniquement dans l'église de Saint-Blaise, sous peine d'une amende de 100 livres. Deux exceptions toutefois furent faites, en faveur d'Eudocie Cantacuzène et d'Anne Notaras, qui obtinrent le privilège de faire célébrer l'office en leur domicile particulier, sans que d'autres Grecs pussent y assister ; faveur insigne, accordée en 1475, supprimée en 1478, accordée de nouveau en 1480, et que justifiait le rang élevé de ces deux dames. La dernière notamment, fiancée dans sa jeunesse à Constantin Dragasès, était venue en Italie peu de temps avant la prise de Constantinople et y avait apporté une fortune considérable. Elle avait formé le projet de fonder, sur le territoire de Sienne, une colonie de réfugiés grecs, dépendante de la République, mais cependant régie par ses propres lois. Un acte fut même passé, le 22 juillet 1472, par lequel Sienne lui cédait à cet effet le terrain et le château ruiné qu'elle désirait ; pourtant il ne semble pas que les choses aient été poussées plus loin.

En cette question d'église, Venise se trouvait assez embarrassée. Il lui fallait maintenir intacte l'orthodoxie latine et aussi ménager les Grecs, qui lui rendaient de multiples services. Partagée ainsi entre le spirituel et le temporel, elle eut souvent des hésitations, en somme compréhensibles.

Le 28 novembre 1498, les Grecs reçoivent l'autorisation de fonder une communauté ; mais il est stipulé que le nombre des hommes n'y dépassera pas 250, celui des femmes étant au contraire illimité. En 1514, on leur permet d'acheter un terrain pour y bâtir l'église à laquelle ils rêvent depuis au moins trois quarts de siècle. L'ambassadeur de la République à Rome s'entremet pour obtenir l'assentiment du pape, qui n'est donné que douze ans plus tard, sous le pontificat de Clément VII : la colonie grecque est dès lors soustraite à toute ingérence du clergé latin, elle peut édifier son église et établir un cimetière, moyennant un simple tribut annuel de cinq livres de cire blanche, qui en réalité ne fut jamais ni payé, ni réclamé.

Quelques mois après, au début du carême de l'année 1527, on célébrait une première messe dans un temple tout provisoire. Les donations vinrent; on put poser, en 1539, les fondements du véritable édifice, et ce fut enfin en 1573 que se trouva érigée l'église San Giorgio dei Greci, qu'on voit encore aujourd'hui à Venise, derrière le quai des Esclavons.

L'œuvre ainsi commencée fut dirigée durant de longues années par Gabriel Sévère, et parachevée au XVIIe siècle, grâce à Nicolas Flangini.

Originaire de Corfou, Flangini exerçait à Venise la profession d'avocat. Sa science juridique et son éloquence lui avaient acquis une grande fortune, qu'il s'efforçait de faire servir au bien public. Par ses soins un collège remplaça l'école déclinante de la Communauté ; les élèves vinrent de Grèce, des professeurs remarquables s'y formèrent et y enseignèrent ; il lui adjoignit un hôpital, créa un fonds pour le rachat des soldats grecs orthodoxes, ou même catholiques, faits prisonniers au service de la république, et une dotation annuelle en faveur de jeunes filles désirant se marier ou embrasser

GABRIEL SÉVÈRE

(Émile Legrand, *Bibliothèque hellénique des quinzième et seizième siècles*, tome II.)

l'état monastique ; on forma aussi des archives, une bibliothèque. Bref, il n'est pas exagéré de dire qu'autour de cette église de Saint-Georges gravita pendant plusieurs siècles le mouvement hellénique de Venise et par conséquent de l'Italie.

* *

Quel fut ici le rôle intellectuel de nos Crétois ?

A Saint-Georges même, ils ne firent pas mauvaise figure. L'avocat Flangini, en prescrivant que, dans le choix des internes du Collège grec, préférence serait donnée, d'abord aux jeunes gens de Corfou, ses compatriotes, puis à ceux de Chypre, île à laquelle l'attachaient peut-être des liens de parenté, avait placé les fils de Minos dans une situation un peu défavorable, mais dont il ne faut pas s'exagérer les conséquences. Avant la la libéralité du célèbre avocat, Gabriel Sévère qui fut le chef spirituel de la colonie pendant près de 43 ans, les avait certainement vus d'un bon œil, car il était presque des leurs : né à Monemvasie, il avait fait un long séjour en Crète, il avait lui-même pour protecteur le richissime Crétois Léoninus ; l'Allemand Gerlach, qui vit à Constantinople la cérémonie où Gabriel Sévère fut sacré métropolitain de Philadelphie, poste

qu'il n'occupa d'ailleurs pas, y mentionne expres-
sément l'affluence des Candiotes. Et, après la
mort de Flangini (1648), trois Crétois encore,
Mélétius Chortakis, Méthode Moronis, Gérasime
Vlachos, dirigèrent sans interruption la commu-
nauté, de l'année 1655 à l'année 1685.

A l'Université de Padoue, étudiants, les Cré-
tois l'emportent de beaucoup en nombre sur les
autres Grecs, tout au moins jusqu'à la fin du
xviie siècle ; recteurs, syndics, professeurs, leurs
noms sont aussi, parmi ceux des Grecs, les plus
fréquents et souvent les plus marquants.

En 1544 par exemple, le comte Georges Pa-
læocappa, de la Canée, devenu recteur des
juristes, attache son nom à un certain nombre
de réformes. Le zèle des professeurs et des étu-
diants s'était alors relâché, les cours chômaient.
Il dut demander au Sénat un décret qui privait
les maîtres de leur traitement, au prorata de
leurs absences. Il fit réviser aussi les statuts de
l'Université : les recteurs, par le fait seul de leur
élection, se trouvèrent élevés à la dignité de che-
valier, ils furent dispensés des jeux, des déjeû-
ners et des banquets qu'ils étaient auparavant
tenus de donner ; on revint à la vieille tradition

de les nommer chaque année et non pas tous les
deux ans; des enseignements inutiles furent sup-
primés et remplacés par d'autres qui paraissaient
meilleurs.

On retrouve ultérieurement ce même Palæo-
cappa sous l'habit monastique, qu'il n'a sans doute
revêtu qu'assez tard, puisqu'il a eu un fils, lui-
même recteur à Padoue, en 1575. Georges Palæo-
cappa a dû, suivant la coutume, échanger son pré-
nom contre un autre, commençant par la même
lettre, et il a choisi celui de Gérasime. Soucieux
des choses spirituelles, il fonde à Kisamos de Crète
un évêché de rite grec, auquel il lègue sa fortune;
mais le souvenir de l'Université de Padoue ne l'a
pas quitté pour autant : craignant que les rivalités
entre Grecs et Latins ne rendent précaire l'exis-
tence de cet évêché, il ordonne par testament
qu'au cas où celui-ci ne subsisterait pas, l'argent
correspondant passe à Venise et que les intérêts
en soient employés à l'éducation de vingt-quatre
jeunes Grecs, tant à Rome qu'à Padoue. Ses
craintes se réalisent. Après sa mort, survenue
en 1590, on vend les biens qu'il avait légués à
l'église de Kisamos. Ce ne sont plus vingt-quatre
jeunes gens, mais douze seulement qui peuvent
être instruits avec les intérêts de la somme ainsi

obtenue ; on les envoie d'abord à Rome, puis,
en 1633, on fonde pour eux un collège grec à
Padoue même.

Le décret du Sénat qui réglait cette institution
portait que, parmi les élèves, devaient se trouver
quatre jeunes gens d'Héraclée, deux de la Canée,
deux de Rhéthymno, un de Corfou, de Cythère,
de Zante et de Céphalonie. Personne n'y était
admis, sans justifier préalablement d'une bonne
connaissance des lettres latines. La durée des
études ne pouvait y dépasser six ans.

Quelques années après, l'exemple de Palæo-
cappa fut même suivi par un autre professeur de
Padoue, Jean Cottounios de Verrhée en Macédoine,
qui, de son vivant, à proximité du premier collège,
en fonda un second, où huit jeunes Hellènes pou-
vaient pendant sept ans poursuivre leurs études,
sans aucun souci matériel.

*
* *

Si, parmi les Crétois qui se sont fixés en Italie,
on cherche quelle a été la personnalité la plus
saillante, c'est vers Marc Musurus que se porte
aussitôt la pensée.

Nous n'avons que fort peu de détails sur son
enfance. Il naquit à Réthymno, aux environs

de 1470, quitta une première fois son pays, vers l'âge de quinze ans, pour venir à Florence, où il suivit les leçons de Janus Lascaris, y revint à une époque que l'on ne saurait préciser, puis gagna Venise, où très vraisemblablement il aida Alde Manuce à organiser sa fameuse imprimerie. Le poème d'*Héro et Léandre* qui, avec la *Galéomachie* et un *Psautier*, parut probablement en 1494 et constitue comme le prélude des beaux volumes sortis des presses aldines, fut sans doute donné par les soins de Musurus et renferme en tout cas une traduction latine ainsi que deux épigrammes de lui.

On sait que, vers 1485, Alde Manuce avait été chargé de l'éducation du jeune prince de Carpi, Alexandre Pio, et de son frère puîné Leonello, sur la recommandation de leur oncle maternel, Pic de la Mirandole. La petite cour de Carpi était alors un centre où l'on étudiait les belles-lettres ; la sœur de Pic de la Mirandole avait des notions non seulement de latin, mais aussi de grec, et c'est dans cet entourage que fut conçu le projet d'imprimerie qu'Alde Manuce devait réaliser quelques années plus tard. A plusieurs reprises les princes de Carpi insistèrent pour que cette imprimerie fut installée dans leur château de Novi, offrant même

à Alde de mettre à sa disposition la moitié des
appartements. Si celui-ci préféra s'établir et séjour-
ner à Venise, c'est que cette ville présentait à tous
points de vue des avantages autrement impor-
tants que Novi. Mais jamais il ne cessa d'entre-
tenir d'intimes relations avec la famille de Carpi,
dont, en 1503, il ajouta même le nom au sien :
Aldo Pio Manutio Romano. Étant donné que
Musurus devint le collaborateur d'Alde dès 1494
au plus tard, il y a lieu de supposer que ce fut
celui-ci qui recommanda notre Crétois comme
professeur de grec à Alexandre Pio.

Musurus était à Carpi avec ce titre, en 1499, et
nous avons de lui à ce propos une jolie lettre,
traduite déjà par Ambroise Firmin-Didot, mais
qu'il ne paraît pas inutile de remettre sous les
yeux du lecteur. Elle est adressée à son compa-
triote Jean Grégoropoulos et rédigée en grec
ancien.

MARC MUSURUS A JEAN SON COMPAGNON, SALUT.

Ne crois pas, mon ami, que ce soit par oubli de
mes promesses ou par crainte des soldats et de leurs
menaces que je ne suis pas revenu à Venise (1); c'est

(1) Comparer page 149, lignes 2-3.

par l'impossibilité complète de partir d'ici contre la volonté du prince. Je ne t'ai promis de revenir, tu t'en souviens, que sous réserve de son assentiment. Mais, comme il tient à moi plus que jamais et semble ne pas vouloir me donner congé, j'ai décidé de rester, et j'ai bien fait : tel est, en effet, son caractère, qu'il moleste ses subordonnés, s'ils ont des velléités d'indépendance, et les récompense au contraire de leur obéissance, s'ils se montrent humbles. J'en suis moi-même une preuve. Tant que je lui ai fatigué les oreilles en ne cessant de demander cette permission, soit par des prières, soit par des paroles dignes d'un homme libre, je n'ai fait que l'irriter contre moi. Comme je n'aboutissais à rien de la sorte et qu'aussi bien, bon gré malgré, il me fallait rester, jugeant que mieux valait, suivant le dicton, revenir sur ses pas que faire fausse route, je me suis livré à discrétion et lui ai promis de le servir désormais avec fidélité et zèle.

Humain et généreux de nature, le prince a voulu m'assurer pour l'avenir une position stable, qui me laissât mon entière liberté d'esprit. A cet effet il m'a fait don d'un petit bien ecclésiastique ou bénéfice, avec le consentement unanime des légats du Souverain pontife à Bologne. Cette libéralité ne saurait rendre riche celui qui en est l'objet, mais c'est un bon oulas pour un savant, pauvre comme moi. La propriété, grâce à l'excellence de sa position, donne tout

ce qui m'est nécessaire, blé, vin, huile et laitage. Un
calme parfait y règne, car elle est à plus de douze
stades de la ville. Fuyant le tumulte de la cour, j'y
puis trouver repos et distraction et m'y plonger dans
la lecture, à l'ombre de mes plantations, couché sur
les liserons, le thym ou le gazon odorant. Sans comp-
ter que le paysan qui cultive ce domaine et en
recueille par moitié les produits, fait tout pour
m'être agréable, ainsi que sa femme et ses enfants;
il m'offre tantôt de fort belles asperges, tantôt du
lait caillé, tantôt des œufs frais pondus. Cela n'est
pas peu de chose aux yeux de beaucoup de gens.
Mais mon bénéfice possède encore un autre et plus
précieux avantage; il n'oblige pas son propriétaire
à entrer dans les ordres; c'est une de ces siné-
cures qu'on accorde également aux clercs et aux
laïques.

Toutefois je suis moralement tenu de dire presque
à chaque heure des prières accompagnées d'hymnes
et de chants, ce qui est assurément chose pieuse et
édifiante — la méditation des saintes Écritures est le
meilleur acheminement vers l'exercice de la vertu et
la pratique d'une vie sérieuse; en tournant nos
regards vers les actes des bienheureux, comme vers
des images animées, nous acquérons par imitation
une manière d'être qui plaît à Dieu —, mais c'est
pénible aussi et, pour les catéchumènes comme moi,
hérissé de difficultés. Les prières en effet ne se

suivent pas dans l'ordre, de plus elles varient selon les jours et « le vent qui t'apporte d'Ilion te pousse vers les Ciconiens » (1), on prend tantôt au commencement, tantôt à la fin, tantôt au milieu du livre ; telles qui sont utiles aujourd'hui, demain seront inutiles ; pour savoir celles qu'on doit dire à tel ou tel jour, il faut beaucoup de peine et de temps. Cependant l'effort ne me découragera pas et, avec l'aide de Dieu, je persévérerai jusqu'au bout.

« Mais, dira-t-on, tu as quitté ton pays, mon bon Marc, afin d'aller chercher en Italie celles des connaissances qui pouvaient te rendre le plus utile à ta patrie, et en ce voyage tu as laissé tes parents déjà vieux, d'aimables et chers compagnons d'âge, sans être ébranlé par les larmes des uns, sans céder à la contrainte des autres ; puis, oublieux, semble-t-il, du motif de ta venue, ou plutôt, comme si tu voulais te condamner toi-même à un perpétuel exil, bien que tu n'aies rien à te reprocher, tu t'es confiné dans une petite ville inaccessible, pareil à celui qui « rongeant son cœur, évite les chemins battus des hommes (2) ». Tu y restes en continuelles relations avec des gens personnels, qui n'excellent ni dans leur vie, ni dans leurs actes, mais sont toujours en luttes intestines et ont déclaré à tous les étrangers une lutte implacable sans merci ; car un seul homme n'est rien, et une

(1) Odyssée, 10, 39.
(2) Iliade, 6, 202.

hirondelle ne fait pas le printemps (1). Ne rougis-tu
donc pas d'avoir ainsi vendu la liberté dans laquelle
tu as été élevé, en sacrifiant en outre le plus précieux
des biens, le temps, puisqu'il te faut, un jour être à
Carpi, puis courir à Lusaria, et de là passer à Man-
toue, afin de rester toujours à proximité du prince
qui, soit sur les routes, soit dans les hôtelleries, tient
à avoir son cours de grec? Où donc est la noblesse
d'âme que tu as montrée jusqu'ici, Marc? Où sont les
beaux projets que tu formais? Où, ton désir de pro-
gresser en vertu? Tout cela est vain, tout cela s'est
évanoui. Chaque jour tu désapprends les leçons de
ton enfance. Tu as laissé là tous les espoirs que tu
fondais sur les lettres. Pareil à quelque ilote ou
Davus, te voilà si content de ton malheureux sort, que
tu en viens à considérer comme un suprême bonheur
la possession à l'étranger d'un arpent de champ pro-
duisant un peu de blé et de vin. Manquais-tu à ce
point du nécessaire dans les plus grandes villes, ou
mieux, n'avais-tu donc chez toi ni vignes, ni biens
paternels?

« D'autres, abandonnant pour leur propre sûreté
leur patrie, alors qu'elle courait risque d'être ruinée
par l'ennemi, ont émigré dans la reine des villes
d'Italie, où ils ont fondé des écoles ; ils y écorchent,
Dieu sait comme, la langue italienne, et pourtant
gagnent avec les belles-lettres, non seulement de quoi

---

(1) Autrement dit : le prince de Carpi n'est qu'une exception.

ourrir une foule de vieilles et d'enfants, mais encore
e quoi donner un gras salaire à des sodats, pour
menacer des pires malheurs les Grecs dispersés en
Italie, s'ils s'avisaient de débarquer à Venise. Mais
oi, « vain fardeau de la terre », pour parler comme
Homère, tu vas de haut et de bas, tiré comme un
gneau retenu par un collier d'or, sans être utile aux
autres, dans la mesure où tu le pourrais, et sans profit
pour toi-même. Enfin, ne comprends-tu pas que tu
violes une coutume commune aux Grecs et à la majo-
rité des barbares, celle de la reconnaissance filiale?
N'es-tu pas confus de voir tes parents privés de ton
assistance et invoquer des droits qui sont légaux et
naturels? Il est temps d'aviser, Marc, si tu ne veux
pas que les gens en viennent à croire que tu tombes
sous le coup de la loi d'ingratitude. Prends garde
qu'ils ne te tiennent aussi pour un vil et misérable
esclave : il a, penseront-ils, préféré rester à l'étranger
jusqu'à sa vieillesse, délaissant ce qu'il y a de plus
cher au monde, et cela, par Jupiter, non pour de
grands et brillants avantages, mais pour de maigres
honteux gages, « mouillant peut-être ses lèvres,
mais non point son palais », suivant l'expression
Hésiode (1) ».

Voilà ce que l'on pourrait dire, ou du moins
quelque chose de très approchant. Présentement les

En réalité d'Homère, Iliade, 22, 495.

mille soucis où je suis ne me permettent pas une
réponse détaillée, bien que j'aie sur chacun de ces
points une justification plausible. A prendre ces
reproches dans leur ensemble, on peut, ce me
semble, en marquer ainsi le non-fondé :

Rester auprès d'un prince pieux, humain, doux et
incapable de toute mauvaise action, être son com-
mensal, jouir presque des mêmes honneurs, se sentir
aimé et respecté de tous, voir même certaines gens se
prosterner pour ainsi dire devant vous, tête nue, en
votre qualité de professeur aimé du prince; donner
une leçon par jour ; passer le reste du temps à écon-
ter les philosophes, à s'entretenir avec des condis-
ciples, ou à goûter, dans la tranquillité du cabinet,
des livres sur l'une ou l'autre langue (1), variés déjà,
mais qui seront sous peu plus variés encore ; cela en
abondance de toutes choses, dans ces temps de trouble
où nous vivons; est-ce donc être esclave ?

Quant à prétendre qu'après avoir ainsi vendu la
liberté, ma compagne, je ne pourrai, ni retourner à
Padoue, afin d'y mieux étudier, ni revenir chez moi,
pour y faire acte de reconnaissance envers mes
parents, c'est là du bavardage. Si je ne le puis cette
année, il ne s'ensuit nullement qu'il en soit de même
l'an prochain. Qui m'en empêcherait ? Le prince? Mais
quand, durant six mois entiers, il aura travaillé le
grec, ainsi qu'il le fait maintenant, il en sera de moi

(1) C'est-à-dire sur le grec ou le latin.

comme de ses maîtres de philosophie : après avoir
remporté sur eux la belle victoire en dialectique et en
philosophie, il leur a accordé toute la pension qu'il
devait, leur a donné une voiture d'État, avec des
domestiques pour les conduire, et leur a permis de
retourner chez eux.

Que personne donc ne m'accuse, ni d'impiété envers
mes parents, ni d'ingratitude à l'égard de ma patrie ;
car je ne suis pas encore vieux. Je passerai en Italie
le temps nécessaire, et si je ne procure par là aucune
gloire à mon pays, du moins observerai-je, autant
qu'y suffiront mes forces et mon désir, la maxime
homérique : « ne pas déshonorer la race de ses
pères » (1).

Pour finir, mon projet, Dieu aidant, est de revenir
à la maison nourrir mes parents dans leur vieillesse,
et d'achever mon existence sur le sol qui m'est si cher,
afin de pouvoir confier mon corps à la terre qui m'a
nourri et échapper de la sorte dans le monde d'en bas
à une condamnation pour séjour à l'étranger. Les
larmes m'empêchent de t'écrire plus longuement.
Porte-toi bien et salue de ma part notre frère et con-
citoyen Jean Évespère.

De Carpi. (Sans date.)

Les attentions respectueuses dont Musurus était
l'objet dans l'entourage du prince de Carpi et

(1) Iliade, 6, 209.

auxquelles il se montrait si sensible, étaient amplement justifiées. En 1498, il avait en effet publié une édition princeps qui, à elle seule, eût suffi à illustrer son auteur, celle de neuf comédies d'Aristophane, et, un an après, il donnait au public lettré les deux volumes des Épistolographes grecs, tout en concourant au Grand Étymologique, qui parut à la même date et dont il écrivit la préface.

A en juger par une autre lettre adressée au même Grégoropoulos, le séjour de Musurus à Carpi se prolongea au-delà de ce qu'il attendait et sans qu'il en devint plus riche, car nous l'y voyons escompter la vente de son blé pour pouvoir entreprendre le voyage de Venise. On ignore à quelle époque exactement il put quitter Carpi. Toujours est-il qu'on le retrouve à Venise en 1503, en qualité de censeur des livres grecs et chargé, comme tel, de veiller à ce que ceux-ci ne renferment rien de contraire à la morale ni à la religion. Il collabore cette année-là à l'édition de dix-huit tragédies d'Euripide, dont quinze étaient alors publiées pour la première fois. Et ce livre, joint aux autres, ne constituait encore qu'une petite partie de ce que devait produire cet infatigable savant. Sans parler d'œuvres d'importance secondaire — telles que les commentaires d'Alexandre

MARC MUSURUS

Tiré des *Elogia* de Paul Jove (Bâle, 1877, f°.)

Études de littér. gr. mod.

d'Aphrodisias sur les Topiques d'Aristote, les Halieutiques d'Oppien, une seconde édition de Théocrite, les discours de saint Grégoire de Nazianze — Platon, Hésychius, Athénée, Pausanias ont été, grâce à lui, offerts typographiquement pour la première fois aux lettrés de l'époque, qui pouvaient ainsi acheter pour quelques ducats ce qu'auparavant ils n'avaient que dans des manuscrits plus ou moins fautifs et à des prix de beaucoup supérieurs.

Parmi ces diverses publications, celle des œuvres de Platon mérite ici une mention particulière, à cause du fort bel hymne qu'y a inséré Musurus.

On était alors au temps de la Sainte Ligue, et Jean de Médicis, auquel est dédié le volume, venait de succéder à Jules II, sous le nom de Léon X. Musurus invite le divin Platon à quitter le cortège de Jupiter, à descendre des cieux sur la terre, au battement de ses ailes éthérées, à prendre cet exemplaire de ses œuvres, dans lequel il décrit l'ordre du monde, où il excite chez les humains de célestes désirs, où il montre la nature incorruptible de l'âme et sa survivance à la fragilité du corps, où il promet l'immortalité à ceux qu'anime la sainte justice ainsi que l'eunomie éducatrice des jeunes gens, et à venir dans la ville aux sept collines. Il y trouvera beaucoup de ses admirateurs, parmi lesquels Janus Lascaris, qui a été pour lui-même comme un père et l'a guidé dans l'étroit sentier qui conduit vers la muse archaïque, et l'éloquent Pierre Bembo, secrétaire intime de Léon X. Tous deux le tenant par la main, le mèneront auprès du Souverain Pontife, qui le recevra avec joie.

Et toi, suivant l'usage, prenant son pied sacré : « Sois propice, diras-tu, ô père, ô pasteur, sois propice à tes troupeaux : accueille avec bienveillance le présent, imprimé sur la peau assouplie des chevreaux (1), que le digne Alde t'offre avec empressement, ô nourrisson de Zeus (2). En récompense il ne sollicite ni or, ni argent, ni coffre rempli d'étoffes de pourpre, il te demande seulement d'éteindre l'incendie de Mars inconstant, qui réduit tout en cendres. Ne vois-tu pas comme dans les champs euganéens (3) tout est couvert de sang, tout est couvert de morts ? Les gémissements des enfants, les lamentations des femmes feraient pitié même au Cyclope (4), même à Anti-

(1) Il s'agit d'un exemplaire sur vélin. On en connaît actuellement deux, qui sont l'un et l'autre en Angleterre.

(2) Suivant l'habitude de l'époque, Musurus mêle ici les traditions païenne et chrétienne.

(3) C'est-à-dire « sur le territoire de Venise ».

(4) Polyphème.

phatès (1). La flamme funeste dévore les sanctuaires des dieux, les maison des citoyens et le labeur des malheureux agriculteurs. Ce que Vulcain a épargné, le barbare l'anéantit, sans cœur ni pitié.

Arrête, ô prince, cette guerre civile, rends à tes fils la Paix et l'Amitié, que le pernicieux Mars tient enfermées dans un antre profond, dont il a solidement muré l'entrée. Écarte les pierres au levier et montre aux adorateurs du divin verbe qu'elle est saine et sauve la paix féconde, réjouissante, fertile-en-grappes, la paix si chère au monde entier.

Dénombre alors tes soldats et lance-les tous en avant sur ces hordes sans lois, ces Turcs, loups dévorants, qui après avoir asservi la terre d'Achaïe, méditent d'arriver par mer jusqu'au sol d'Iapygie (2), pour mettre sur nos cous le joug de l'esclavage, et menacent de faire disparaître le nom de la Mère-de-Dieu. Préviens-les, précipite leur perte, en envoyant sur le sol asiatique les peuples de tous pays : l'impétueuse Bellone des Celtes couverts-d'airain, éperonnant des coursiers solides comme des rocs, et la vaillante nation des ardents Ibères, et la noire nuée des fantassins de l'Helvétie, et les phalanges innombrables des hommes-géants de Germanie, et le peuple belli-

---

(1) Roi des Lestrygons, géants et anthropophages, qui dévorèrent plusieurs compagnons d'Ulysse.

(2) L'Italie.

queux des Brittones, et de toute l'Italie ceux qui ont échappé aux lances des étrangers.

Puissent les uns, suivant les longs chemins du continent, passant par monts et par vaux, traversant le cours des fleuves toujours retentissants, porter par terre à ces ennemis le sort de ma propre race, en s'unissant aux Pannoniens armés-d'ares-recourbés, qui si souvent se sont baignés du sang des Turcs. Et puisse l'innombrable essaim des voiles rapides de Venise reine-des-mers, joint aux navires d'Espagne énormes et massifs, dont les mâts se perdent dans les nuages — que toujours sur leurs hunes se dresse la croix préservatrice! — s'élancer droit vers l'Hellespont. Quand dans la capitale byzantine reviendra briller la splendeur de la Liberté, quand tu auras écrasé et broyé la tête du redoutable dragon, le reste de son corps sera facilement détruit, car le peuple grec, aujourd'hui épuisé par la servitude, retrouvera sa hardiesse; pour revoir son indépendance, il se ressouviendra de ses antiques vertus et frappera l'ennemi à l'intérieur. Et, lorsqu'on aura tué ces maudits, ou qu'on les aura forcés à fuir au-delà des Indes, offrant aux dieux un hymne de victoire, joyeux de ce grand succès, aux guerriers couronnés de lauriers tu distribueras de tes mains triomphatrices les dépouilles innombrables de l'opulente Asie, les biens et les richesses qu'a procurées aux Turcs un esclavage de soixante ans; et tes soldats, heureux de leurs trophées,

pensant à leur patrie, marcheront au chant du péan
et danseront, exultants, la danse des fantassins armés.

Alors on verra voler du ciel vers la terre aux-larges-
routes, Diké, fille vénérable d'Astrée (1), qui cessera
d'en vouloir aux mortels, puisque, sous ta loi, la race
humaine, renonçant au crime, reviendra à l'âge d'or,
et qu'après l'anéantissement des infidèles partout
règnera la tranquillité.

Puisse-t-il en être ainsi! Mais pour l'instant, ô
prince, protège la discipline périssante des anciens
Grecs, encourage les ministres vigilants du dieu qui-
frappe-au-loin (2), gagne-les par des présents et de
divins honneurs ; rassemble, ô père, de tous côtés,
parmi les fils des Achéens et ceux de l'Hespérie par-
tagée-en-peuplades, les jeunes gens qui ne manquent
ni de générosité d'esprit et de caractère, ni de
noblesse de sang, et établis-les à Rome, en plaçant à
leur tête les hommes qui conservent les dernières
étincelles des lettres antiques. Donne-leur une
demeure, loin du tumulte bondissant des batailles,
près des rives chères aux Naïades, et qu'elle prenne
le nom de cette illustre Académie, son ancêtre en
ardeur, qu'autrefois je fréquentais, où je m'entrete-
nais doctement avec des jeunes gens bien doués, en

(1) Astrée, déesse de la Justice, effrayée par les crimes des
hommes, regagna le ciel, où elle forma le signe de la Vierge,
dans le Zodiaque.

(2) Apollon..

faisant se souvenir de ce qu'auparavant ils avaient (1). Celle-là n'est plus. Fondes-en une nouvelle. Que d'une faible étincelle jaillisse dans l'âme des jeunes gens le feu resplendissant de la science. Ainsi Athènes, quittant l'Ilissus pour le Tibre, refleurira dans Rome.

Ton renom alors, ô père, montera aux nues et atteindra les confins des Hyperboréens. Quelle langue, quelle bouche, ou d'orateur ou de poète, pourra ne pas célébrer ta gloire? Quel siècle obscurcira jamais l'éclat radieux d'un pareil acte? C'est par là qu'est devenu illustre chez les hommes le nom de ton père èt de tes ancêtres, ô prince. Mais la renommée mauvaise des pontifes tes prédécesseurs s'est évanouie; car ils ont été uniquement possédés de Mars, ils ont pris plaisir aux massacres humains, sources de douleurs, et ils ont joui de la dévastation des villes. »

Tes conseils, divin Platon, exciteront son empressement et le décideront, puisqu'aussi bien l'amour de la paix est chez lui ancestral, à éloigner rapidement de la terre ausonienne le rude et barbare Harès, pour faire croître dans l'hellénique forêt des Muses les rameaux féconds des jeunes plants. A ton aspect important et distingué, à la vue de ta divine prestance, de tes augustes épaules, de l'épaisse parure de ta tête

Allusion à la doctrine de Platon pour lequel savoir n'était se ressouvenir.

chenue et de ta barbe vénérable, il sera pris d'un
saint respect, il ne méconnaîtra pas tes avis, il se
laissera gagner par ta séduisante éloquence.

Mais l'heure est venue pour toi de quitter le char
ailé des dieux et de descendre sur la terre.

C'est à juste titre, on le voit, que cet hymne a
été loué par les critiques. Musurus s'y révèle
non seulement habile helléniste, mais aussi pen-
seur et poète, et lorsqu'on lit dans l'original ces
vers auxquels les événements présents donnent un
si puissant relief, on est bien près de souscrire au
jugement que Legrand a porté sur eux : « Dans
cet hymne admirable à Platon, Musurus a déployé
un talent poétique qui le met de pair avec les
poètes des plus beaux temps de la Grèce ; il y avait
plus de mille ans que la Muse qui inspira tant de
chefs-d'œuvre n'avait parlé, par la bouche d'un
Hellène, un langage aussi noble et aussi élevé. »

En même temps qu'il assumait à Venise la
charge de censeur des livres grecs, Musurus
acceptait de suppléer, dans la chaire de grec de
l'Université de Padoue, Laurent de Camertino,
auquel un séjour de sept ans fait en Crète « en
vue de ses études » avait valu le surnom de Cré-
tois. La proximité de Padoue et de Venise, ainsi

que les liens de toutes sortes qui unissaient ces deux villes, permettaient ce cumul et laissaient aussi à Musurus la faculté de poursuivre aisément

FAC-SIMILÉ DE L'ÉCRITURE ET DE LA SIGNATURE DE MARC MUSURUS

ses travaux d'éditeur. Dans cette chaire, dont il devint titulaire en 1505, au modeste traitement de 100, puis de 140 florins par an, il renouait une tradition, car Laurent de Camertino y avait eu deux Grecs comme prédécesseurs : dès 1463, l'Athénien Démétrius Chalcondyle, qui, ne pouvant se faire à l'idée d'être soumis à une réélection annuelle, abandonna Padoue pour Florence, puis Alexandre Zénos, prêtre grec passé au rite latin. Et cette tradition, Musurus la continua avec beaucoup d'éclat, grâce à une vaste érudition et à une profonde connaissance du monde antique, dont nombre de ses contemporains ont porté témoignage.

Malheureusement la Ligue de Cambrai et ses conséquences, désorganisant pour un temps l'Université de Padoue, interrompirent cet enseignement. Musurus alors regagna Venise, où le Sénat, désireux d'employer néanmoins son talent, rétablit pour lui une chaire de grec, probablement vacante depuis quelques années.

Cependant Léon X, exauçant un des souhaits qu'avait formulés Musurus, dans son hymne à Platon, avait résolu de créer à Rome un collège, où seraient rassemblés des jeunes gens de différentes nations, parmi lesquels des Grecs, qu'on initierait aux lettres anciennes. A Janus Lascaris, déjà vieux et qui avait été chargé d'élaborer le règlement de ce collège, il voulut adjoindre Musurus et celui-ci quitta Venise pour Rome, probablement en l'an 1516. Ce fut là que le trouva le père de Jean-Antoine de Baïf :

> Ce mien père Angevin gentilhome de race,
> L'un des premiers François qui les Muses embrasse,
> D'ignorance ennemi, desireux de sçavoir,
> Passant torrens et mons, jusqu'à Rome alla voir
> Musure Candiot : qu'il ouït pour apprendre
> Le grec des vieux auteurs, et pour docte s'y rendre.
> Où si bien travailla que, dedans quelques ans,
> Il se fit admirer et des plus suffisans (1).

(1) De Baïf, *Œuvres en rime* (Paris, 1572, in-8°), Épître au Roy, en tête du tome premier.

Musurus était alors habitué aux prières qui lui avaient donné tant de souci dans sa campagne, aux environs de Carpi; il avait embrassé l'état ecclésiastique, on ne sait à quelle époque exactement, et après avoir été promu évêque d'Hiérapétra, dans l'île de Crète, il était devenu, en 1516, archevêque de Monembasie. En réalité, il n'occupa aucun de ces deux postes, et son désir de mourir sur le sol crétois ne se réalisa pas, car il finit à Rome, en 1517, et reçut la sépulture dans l'église de Santa Maria de Pace.

Un passage d'une lettre d'Érasme que nous traduirons tout entier (1), parce qu'on y trouve, sous une plume autorisée, un bel éloge de Musurus, nous apprend que, si celui-ci resta exposé « dans le monde d'en bas à une condamnation pour séjour à l'étranger », du moins n'y put-il être accusé d'ingratitude, car il avait fait venir son vieux père en Italie. Voici comment s'exprime le savant hollandais, en parlant de Raphaël Regio, qui fut professeur de latin à Padoue jusqu'à l'année 1509 :

Il n'avait alors, je pense, pas moins de soixante-dix

(1) Érasme, *Epistolarum libri XXXI* (Londres, 1642, f°), 1209.

ans, et cependant aucun froid, si rude fût-il, ne l'em-
pêchait d'aller entendre, à sept heures du matin,
Marc Musurus, qui n'interrompait guère ses cours
publics que quatre jours par an. Alors que les jeunes
gens ne pouvaient supporter la rigueur du temps,
ce vieillard n'était retenu ni par l'hiver, ni par la
fausse honte. Quant à Musurus, il mourut avant l'âge,
après avoir été promu archevêque par la bien-
veillance de Léon X. Ce Grec, voire ce Crétois,
avait du latin une connaissance prodigieuse, et seuls
de ses compatriotes peuvent lui être comparés à cet
égard Théodore Gaza et Janus Lascaris, ce dernier
encore vivant. Il avait aussi un goût marqué pour
toutes les sciences philosophiques. C'était un homme
appelé à de grandes destinées, s'il eût vécu.

Un jour que je devais dîner chez lui, j'y trouvai
son vieux père, qui ne savait que le grec. Chacun vou-
lant laisser à l'autre l'honneur du lavabo d'usage, je
pris, pour en finir avec cette hésitation inutile, la main
de ce dernier et lui dis en grec : ἡμεῖς δύο γέροντες (1).
Le père s'en égaya grandement, car je n'étais pas beau-
coup plus âgé que Musurus, et se lava avec moi. Mu-
surus à son tour prit dans ses bras Zacharias, jeune
homme des plus savants, en disant : καὶ ἡμεῖς δύο
νέοι (2).

---

(1) « Nous sommes vieux tous deux ».
(2) « Et nous, jeunes tous deux ».

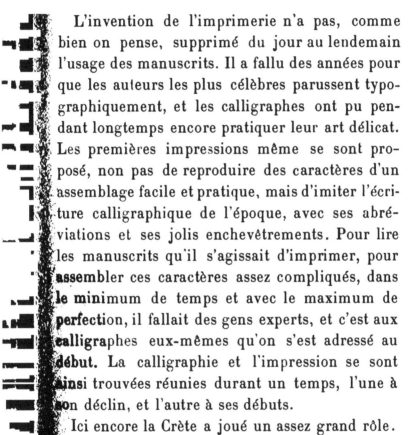

L'invention de l'imprimerie n'a pas, comme bien on pense, supprimé du jour au lendemain l'usage des manuscrits. Il a fallu des années pour que les auteurs les plus célèbres parussent typographiquement, et les calligraphes ont pu pendant longtemps encore pratiquer leur art délicat. Les premières impressions même se sont proposé, non pas de reproduire des caractères d'un assemblage facile et pratique, mais d'imiter l'écriture calligraphique de l'époque, avec ses abréviations et ses jolis enchevêtrements. Pour lire les manuscrits qu'il s'agissait d'imprimer, pour assembler ces caractères assez compliqués, dans le minimum de temps et avec le maximum de perfection, il fallait des gens experts, et c'est aux calligraphes eux-mêmes qu'on s'est adressé au début. La calligraphie et l'impression se sont ainsi trouvées réunies durant un temps, l'une à son déclin, et l'autre à ses débuts.

Ici encore la Crète a joué un assez grand rôle. A en juger par les manuscrits qui nous sont parvenus, il y eut dans cette île une école de calligraphes florissante, et il est naturel que les meilleurs d'entre eux soient venus de bonne heure en

Italie, pour exécuter des copies, que les grands
personnages leur payaient à poids d'or.

ÉCRITURE DU COPISTE GEORGES GRÉGOROPOULOS (XVᵉ s.)

(Fac-similé réduit d'*Homère*, *Iliade*, XXIII, v. 887-897.
Ms grec 1805, fol. 302 vᵒ.)

Pierre de Réthymno, Antoine Damilas, Emma-
nuel Atramyttenos, Jean Plousiadénos, Manuel
Grégoropoulos, Michel Damaskinos, Antoine
Épiscopopoulos, Jean Nathanaël, Zacharie Scor_

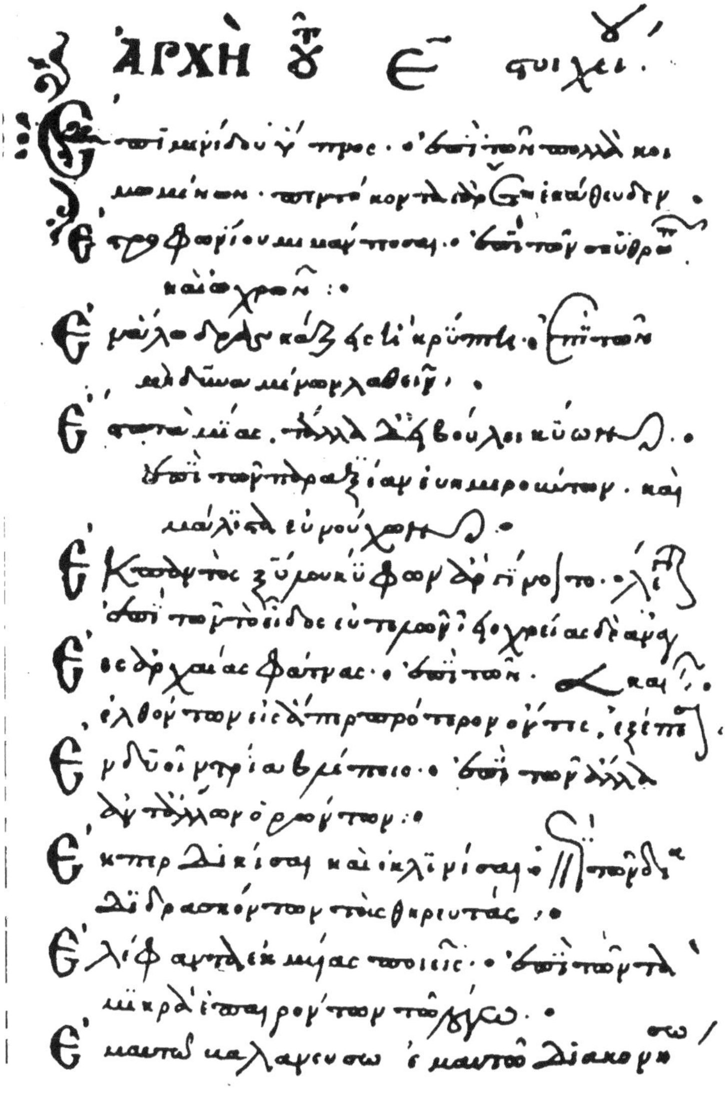

ÉCRITURE DU COPISTE JEAN RHOSOS (1457)

(Fac-sim. réd. de Grégoire de Chypre, *Proverbes*. Ms. gr. 2524, fol. 53 v°.)

dyllis notamment (1), ont signé de fort beaux
manuscrits conservés à notre Bibliothèque natio-
nale et dont des fac-similés ont été publiés par
M. Henri Omont. Nous reproduisons ci-contre,
d'après cette publication, un spécimen de l'écri-
ture du prêtre Jean Rhosos (1457), qui fut un des
plus célèbres calligraphes de la Renaissance, et un
autre de Georges Grégoropoulos (xve siècle), père
de Manuel, prêtre également, excellent copiste,
mais qui avait fait siennes les mœurs dépravées
alors courantes à Candie, et qui nous a laissé,
malheureusement pour sa mémoire, une corres-
pondance des moins édifiantes.

A côté de gens tels que Rhosos et Grégoropo-
poulos, qui étaient des copistes proprement dits,
d'autres, comme Zacharie Callergis de Réthymno,
ont joint au métier de calligraphe celui d'impri-
meur.

Ce Callergis appartenait à une famille très
ancienne, alliée à la dynastie impériale de
Byzance ; c'est pourquoi on trouve l'aigle à deux
têtes dans ses armoiries. L'imprimerie qu'il vint
fonder à Venise, à la fin du xve siècle, fut la
rivale de celle d'Alde, avec lequel Zacharie semble

(1) Voir son portrait à la page suivante.

du reste avoir entretenu de bonnes relations. On ignore la date de son arrivée à Venise, mais

PORTRAIT DE ZACHARIE SCORDYLLIS EN COSTUME DE PRÊTRE (1563)
(Legrand, *Bibl. hell. des* xvᵉ *et* xviᵉ *s.*, tome II.)

on sait qu'il y fit paraître en 1499 le Grand Étymo-logique, dont il a déjà été question plus haut.

Cet ouvrage est considéré à juste titre comme un
chef-d'œuvre typographique ; Musurus s'est plu
à signaler en langage homérique les difficultés
vaincues et à en féliciter son compatriote :

ARMOIRIES DE ZACHARIE CALLERGIS

Élancé des sommets invisibles, l'aigle au vol
sublime a mis soudainement en fuite la troupe des
oiseaux de proie. Monté sur son quadrige, le Soleil
a fait pâlir l'éclat de sa sœur et évanouir la lueur des
astres.

Ainsi ont disparu les caractères antérieurs, ces

produits de la lime (1) et du roseau, et j'admire com-
ment, à l'aide du hurin, fut sculptée et ciselée cette
rangée de types si compliqués, comment, entre des
lignes toutes droites, on a fixé aux lettres les redou-
tables accents (2).

FAC-SIMILÉ DE L'ÉCRITURE ET DE LA SIGNATURE DE ZACHARIE CALLERGIS

Mais doit-on s'étonner de l'esprit des Crétois,
puisque c'est Minerve elle-même qui, par ordre de
son père, leur a enseigné les beautés de l'art?

C'est un Crétois qui a ciselé ces poinçons, c'est un
Crétois qui a réuni les petites pièces d'airain, c'est un
Crétois qui les a une à une enfoncées, et c'est un
Crétois qui a obtenu la fonte des lettres en plomb (3).

(1) « Il indique par là les essais plus ou moins informes des
types grecs que l'on rencontre quelquefois dans les éditions
princeps des auteurs latins imprimés par Jean Schaefer à
Mayence et par Vindelin de Spire et Nicolas Janson à Venise ».
(Note d'Ambroise Firmin-Didot, auquel j'emprunte une partie
de cette traduction).

(2) Auparavant les accents étaient fondus séparément, d'où
une difficulté technique pour les mettre bien à leur place dans
l'interligne. La fonte des accents avec la lettre fut un immense
progrès dans l'impression du grec.

(3) Pour les détails techniques auxquels correspondent ces
expressions, voir Didot, *Alde Manuce*, p. 551.

C'est un Crétois dont le nom est synonyme de vic-
toire (1) qui a fait la dépense, crétois est celui qui
célèbre ces merveilles (2), favorable aux Crétois est
le Crétois Jupiter.

Souhaitons donc tous ensemble que le père de ce
bienfaiteur ait été prophète en donnant à son fils un
pareil nom : qu'il soit le *vainqueur* de ses rivaux !
Issus de la Grèce sacrée, c'est aux fils des Grecs que
doivent revenir ces types.

Au-dessous de la souscription du Grand Étymo-
logique se trouve une marque, en rouge, orne-
mentée et fleuronnée, qui est celle de Nicolas
Vlastos dont il vient d'être question, et cette
souscription elle-même est ainsi conçue :

L'impression de ce Grand Étymologique a été,
grâce à Dieu, achevée à Venise, aux frais de noble et
estimée personne messire Nicolas Vlastos, Crétois, à
l'invitation de très illustre et très sage dame Anne (3),
fille de très respectable et très glorieux seigneur
Lucas Notaras, jadis grand duc de Constantinople,
et par le travail et l'industrie de Zacharie Callergis,
Crétois, pour servir aux gens instruits et amis des
lettres grecques, l'an de Jésus-Christ mil quatre cent

(1) Nicolas (*Nicolaos*) Vlastos, dont on va retrouver le nom.
(2) Musurus.
(3) Voir plus haut, p. 135.

MARQUE DE NICOLAS VLASTOS

(à la fin du Grand Étymologique de 1499.)

quatre-vingt-dix-neuf, huitième jour du début de
métageitnion (1).

On se rappelle qu'Anne Notaras était à cette
époque à Venise et l'on voit par là que grands
seigneurs, savants, imprimeurs et calligraphes cré-
tois y travaillaient à l'envi au bon renom de leur
patrie et à la diffusion des lettres grecques en Italie.

*
* *

En regard des grandes entreprises d'Alde Manuce
et de Callergis, l'œuvre d'un Démétrius Ducas
apparaît assurément bien modeste, et cependant
elle mérite de retenir un instant l'attention, puis-
que c'est en Espagne qu'il a transporté, durant
quelques années, l'activité crétoise. Démétrius
Ducas était en Crète en l'an 1500, car il y signe,
comme témoin, le testament de Jean Costomiris.
On le trouve à Rome neuf ans plus tard, familier
d'Alde et de Musurus, collaborant à certains de
leurs travaux, puis, en 1514, à Alcala, où il s'oc-
cupe, pour la partie grecque, de la fameuse **Bible**
polyglotte dite de Ximénès et édite à l'usage des
lettrés espagnols les *Erotemata* de Chrysoloras,

_____
(1) C'est-à-dire 8 juillet.

ainsi que le poème de Musée, *Héro et Léandre*.
En tête du Chrysoloras il a mis la préface que
voici :

DÉMÉTRIUS DUCAS, CRÉTOIS,

AUX SAVANTS DE L'ACADÉMIE D'ALCALA, SALUT.

Venu en ce pays sur l'invitation du révérendissime
cardinal d'Espagne (1), pour le progrès de la langue
hellénique, j'y ai constaté une grande pénurie, ou plu-
tôt une absence totale de livres grecs ; aussi j'ai im-
primé pour vous, du mieux que j'ai pu, certaines œu-
vres grammaticales et poétiques, au moyen des
caractères que j'ai trouvés. Personne ne m'a aidé, ni
dans les grandes dépenses d'impression, ni dans les
difficultés de correction, et c'est à peine si j'ai suffi,
avec mes lectures publiques quotidiennes, à trans-
crire et à réviser. Il vous appartient donc de faire bon
accueil à ces œuvres coûteuses, fruit de mes sueurs et
de mes veilles. Sachez m'en gré. Je me tiendrai pour
satisfait, si, en les étudiant, vous devenez érudits
dans les lettres helléniques. Soyez en santé.

Démétrius Ducas n'obtint sans doute, ni dans
sa chaire, ni avec ses ouvrages, le succès et les

(1) Le cardinal Ximénès.

avantages qu'il espérait, car il ne semble pas qu'il
ait publié quoi que ce fût en Espagne, après
l'année 1511. On le retrouve, en 1526, professeur
de grec à Rome et donnant l'édition princeps des
messes de Saint Jean Chrysostome, de saint Basile
et des Présanctifiés.

*
* *

Les relations entre l'Italie et la France étaient,
à l'époque de la Renaissance, trop faciles et trop
multiples pour que certains Crétois ne vinssent
pas s'établir aussi dans notre pays.

Ange Vergèce, de son vrai nom Βεργίτσης,
l'un des plus connus d'entre eux, appartenait
comme Callergis à une famille notable de cette
île. Il avait, ainsi que tant d'autres, quitté sa pa-
trie, pour mettre à profit « en Europe » son mer-
veilleux talent de calligraphe. Nous ne savons
que fort peu de chose sur la première partie de sa
vie ; les quelques faits que nous en connaissons
sont tirés des souscriptions mises par lui aux
nombreux manuscrits qu'il a copiés. Nous appre-
nons ainsi qu'il était à Venise en 1535. Georges
de Selve, évêque de Lavaur et ambassadeur du
roi de France à Venise, se mit à cette époque en

rapport avec lui et lui acheta plusieurs manuscrits grecs, que le célèbre copiste avait, soit apportés avec lui, soit fait venir de Crète depuis son départ. C'est dans la maison même de Georges de Selve qu'il copia le manuscrit 186 du Supplément grec de notre Bibliothèque nationale. Il est très probable que ce fut par l'entremise de M. de Selve qu'Ange Vergèce approcha François Iᵉʳ, au service duquel il était, dès 1538, en qualité d' « escripvain expert en lettres grecques », avec une pension annuelle de 450 livres tournois.

Le poète Jean-Antoine de Baïf a consacré à Vergèce quelques vers élogieux, dans l'épître dédicatoire à Charles X, mise en tête de ses *Œuvres en rimes* :

> Ange Vergèce, Grec à la gentille main,
> Pour l'écriture greque écrivain ordinère
> De vos grànpére et pére et le vostre, eut salère
> Pour à l'accent des Grecs ma parole dresser
> Et ma main sur le trac de sa lettre adresser.

D'où il résulte que Vergèce n'a pas seulement appris à de Baïf le tracé des caractères, mais qu'il a aussi « dressé sa parole à l'accent des Grecs », c'est-à-dire qu'il lui a donné pour le moins des leçons de prononciation, peut-être même de langue grecque.

Les études helléniques étaient alors très en
faveur chez nous. Elles formaient l'un des quatre
principaux enseignements de l'Université de Pa-
ris, les trois autres étant la théologie, le latin et
le français. François Ier les avait favorisées de
son mieux. Il avait même voulu créer dans sa
capitale, à l'imitation de Léon X, un collège de
Jeunes Grecs, pépinière d'hellénistes, et il s'était
adressé pour cela au vieux Janus Lascaris qui, on
s'en souvient, avait organisé et dirigé celui de
Rome. Comme Milan était alors possession fran-
çaise, il fut convenu qu'un premier essai serait
fait dans cette ville. Lascaris quitta la France en
1520, avec une somme de 2.000 livres, montant
du budget de la première année. Douze élèves
vinrent de Grèce et l'établissement fonctionna,
mais durant deux ans seulement, car le roi, ab-
sorbé par les soucis de la guerre, s'en désinté-
ressa ensuite, au grand désappointement non seu-
lement de Lascaris, mais aussi de Budé, qui
n'avait cessé de stimuler le zèle de François Ier.
Depuis, l'ardeur du monde lettré pour cette dis-
cipline n'avait fait que s'accroître. De sorte que,
lorsque Vergèce arriva à Paris, tout comme
Georges Hermonyme de Sparte, dont les leçons
décousues firent le désespoir de Budé, ou Janus

Lascaris, qui au contraire s'y imposa par son incontestable talent, il y trouva sans doute plus d'un élève.

Les leçons qu'il put ainsi donner furent-elles un sérieux appoint aux émoluments qu'il recevait par ailleurs? Nous avons deux raisons d'en douter. La première est une lettre adressée à Alde Manuce par l'helléniste italien Girolamo Aleandro, à la date du 23 juillet 1508 : Budé, dit-il, lui conseille d'éviter la foule des écoliers dépenaillés et pouilleux, qui ne lui procureraient aucun gain ; et plus loin, à la suite d'une commande de livres qu'il désire ne pas solder d'avance, il ajoute : « Il faut avoir confiance en moi, parce que, dans ce pays, on a tellement l'habitude de payer les maîtres en sous, qu'on se décide à grand'peine à donner de l'argent, aussi bien pour des livres que pour les maîtres grecs. » La seconde est, qu'après avoir successivement servi François Ier, Henri II, François II et Charles IX, Vergèce se trouvait, en 1566, à un âge fort avancé, dans un état bien voisin de la misère. Cette année-là, Henri de Mesmes, s'adressant à un personnage, qui était peut-être Michel de l'Hospital, lui écrivait en effet la lettre suivante :

Monsieur,

Ce pauvre vieil Grec qui nous a enseigné touts à escrire, M. Angelo Vergecio, m'est venu trouver ce matin, et m'a dict que l'on va distribuer des bénéfices à la Cour plein un grand coffre, comme à la blanque, et qu'il ne sera pas filz de bonne mere qui n'en aura quelcun, tant il y en a au rolle; brief, il se persuade qu'on en donera à qui en voudra, pour sy peu de recommandation que l'on puisse avoir. Et, sur ce, il m'a prié de vous prier qu'il vous souviene de luy, sy vous vous y trouvés. Ce que j'ay promis faire plus pour le besoin que je voy qu'il a de trucheman (parce qu'il parle fort mauvais françoys et l'escrit encore plus mal), que pour croire qu'il soit besoin de ma recommandation à un tel home, qui vous a servy en vos premiers ans, qui est unique en son art, et qui est en extrême pauvreté. Il est vray que tout cela ne me faict pas accroire qu'il y ait des biens à doner pour tant de gens, ny que la liste des expectans ne soit plus grande que celle de l'aumosne; aussy il dict qu'il se contentera de peu, et mesme d'une mediocre pension. Je sçay bien que, sy vous estiez dispensateur de ce bien la, il ne seroit pas oublié, et, à la vérité, ce n'est pas l'honeur de la France que un sy rare personage y meure de faim. Quoyque ce soit, Monsieur, je vous le recommende derechef, en l'honeur des Muses dont

vous tenez vostre premiere nourriture, et moy bien
humblement à vostre bone grace, priant Dieu vous
doner, en santé longue et heureuse vie.

.De Baignolet, le XX⁰ septembre 1566.

Vostre humble serviteur et amy,
HENRY DE MESMES.

On peut rapprocher de cette lettre les vers que
Ronsard adressait, en 1560, à Jean de Thier,
secrétaire d'État, à propos de deux Grecs dont
nous ignorons le nom, mais qui sans doute res-
semblaient par bien des points à Vergèce :

Et si ne veux souffrir qu'un acte grand et beau
Que tu fis à deux Grecs, aille sous le tombeau,
Deux pauvres estrangers qui bannis de la Grece,
Avoient pris à la cour de France leur addresse,
Incogneus, sans appuy, pleins de soin et d'esmoy,
Pensans avoir support ou d'un Prince ou d'un Roy.
Mais ce fut au contraire. O Princes, quelle honte,
D'un peuple si sacré (hélas!) ne faire conte !
Ils estoient delaissez presqu'à mourir de faim,
Honteux de mendier le miserable pain,
Quand à l'extrémité, portant un tresor rare,
S'adresserent à toi ; c'estoit du vieil Pindare
Un livret incognu, et un livre nouveau
Du gentil Simonide, éveillé du tombeau.
Toy lors comme courtois, benin et debonnaire,

> Tu ne fis seulement dépescher leur affaire ;
> Mais tu recompensas avec beaucoup d'escus
> Ces livres qui avoient tant de siecles vaincus,
> Et qui portoient au front de la marge pour guide
> Ce grand nom de Pindare, et du grand Simonide,
> Desquels tu as orné le somptueux chasteau
> De Beauregard, ton œuvre, et l'en as fait plus beau
> Que si Rome fouillant ses terres despouillées
> En don t'eust envoyé ses medailles rouillées (1).

Ange Vergèce est mort trois ans après la re-
quête d'Henry de Mesmes et voici la lettre qu'à
cette occasion François, duc d'Alençon, adressa
au roi Charles IX, son frère.

Monseigneur,

Depuis quelques jours, Angelo Vergesio, un de vos
escrivins, seroit allé de vie à trépas sans avoir laissé
aucuns enfans ou héritiers, vous estant par ce moyen
tous et chascuns ses biens acquis par droict d'aubeyne.
Et d'autant que ledict Vergesio estoit Grec de nation,
ayant laissé plusieurs livres de la langue grecque,
monsieur Dorat, vostre lecteur en grec, m'auroit
requis vous supplier, en sa faveur et recognoissance
des services qu'il vous a faictz et fait journellement,

(1) *Œuvres complètes de P. de Ronsard*, édition Blanchemain,
tome VI, p. 155.

lui vouloir faire bon dudict droict d'aubeyne, non
tant pour le prouffict qu'il espère tirer des biens
délaissez par ledict Vergesio, mais pour les livres en
langue grecque, en laquelle il vous faict service, des-
quelz il pourra cognoistre quelque chose pour l'ins-
truction de ses disciples et auditeurs. Qui est cause,
Monseigneur, que je vous supplie très humblement
lui vouloir accorder le dict droit, et, attendant sur ce
vostre volunté, je prieray le Créateur vous donner,
Monseigneur, en parfaicte santé, très bonne, très
longue et très heureuse vie.

Paris, ce dernier jour de avril 1569.

Vostre très humble et très obéissant frère et servi-
teur,

FRANÇOYS.

En note, ces mots écrits d'une autre main : *Il a plu
au Roy de le accorder pour le bien du service.*

On considère généralement Vergèce comme
l'un des meilleurs calligraphes du xvi* siècle.
Nous reproduisons ci-contre un fac-similé de son
écriture. Elle offre, comme on voit, de grandes
différences avec l'écriture grecque que nous
employons aujourd'hui dans nos lycées et qui
n'est que le calque, plus ou moins gauche, des
caractères imprimés. Beaucoup de lettres y sont
liées entre elles, suivant une tradition qui, du

xvi° au xx° siècle, n'a fait que s'affermir en Grèce.
Si on compare ce fac-similé à ceux que nous
avons donnés plus haut et qui sont d'environ cent
ans plus anciens, on verra qu'il en diffère par son
allure plus courante. On y remarquera en même
temps d'assez gracieuses ligatures : les caractères
du xvi° siècle sont à la fois plus cursifs que ceux
du xiv° et plus dessinés que ceux des siècles
suivants.

La calligraphie·de Vergèce a pour nous, Fran-
çais, une importance particulière. Quand Fran-
çois I°r, frappé de la défectuosité des caractères
grecs alors en usage à Paris, entreprit d'en faire
fondre pour son propre compte, ce fut l'écriture
du savant copiste qui servit de modèle ; non pas
l'écriture rapide et usuelle qu'on vient de voir,
mais une écriture vraiment calligraphiée, la main
de Vergèce dans ce qu'elle pouvait produire de
plus parfait.

Ces caractères qu'on appelle *grecs du roi* ou
caractères de Garamond, du nom de l'artiste qui
grava les poinçons, furent fondus sur trois *corps*.
Le caractère de moyenne grosseur, ou gros
romain, a servi la première fois pour l'*Histoire
ecclésiastique* d'Eusèbe, donnée par Robert Es-
tiene en 1544. Deux ans après, le même impri-

meur publiait le *Nouveau Testament* avec le petit caractère, dit cicero. Enfin en 1550, il employait le grand caractère, ou gros parangon, dans une autre édition du *Nouveau Testament*.

Ces caractères existent toujours à notre Imprimerie Nationale, d'où sortent encore de temps à autre des ouvrages composés avec eux. Tels les *Catalogues des manuscrits grecs de Fontainebleau sous François Ier et Henri II*, publiés par M. Omont (1) et dont nous donnons ici un facsimilé réduit aux 2/3. C'est un extrait du catalogue dressé par Ange Vergèce lui-même, avec le concours de Constantin Palæocappa, autre calligraphe crétois.

Contrairement à l'affirmation que renferme la lettre du duc d'Alençon, et sans qu'on voie présentement une explication à cette anomalie, Ange Vergèce a laissé après lui un fils du nom de Nicolas, dont nous dirons encore quelques mots en terminant ce chapitre, car il a joué un certain rôle dans le monde de la Pléiade.

Nicolas Vergèce reçut certainement de son père des leçons de calligraphie; il existe à la bibliothèque de l'Escurial un manuscrit copié par lui;

(1) Paris, 1889, in-4°.

472. Βιβλίον α΄ μήκους παλαιόν, ἐνδεδυμένον δέρματι κιτρίνῳ, ἐν ᾧ
εἰσι ταῦτα· Σιμεὼν Μάγιστρος ἢ Φιλόσοφος τᾶ Σὴθ Ἀντιοχίτου περὶ
τροφῶν δυνάμεως, κατὰ στοιχεῖον. Ἔτι, προγνωστικὰ ἵνα. Ἐπιστολὴ Ἱππο-
κράτους, κατὰ δέ ἵνας Διοκλέους, πρὸς Πτολεμαῖον, βασιλέα Αἰγύπτε.
Ἱπποκράτους προγνωστικά. Περὶ γέρον ἀπὸ φωνῆς Θεοφίλου. Στεφάνε
Μάγνε σχόλια εἰς τὸ περὶ γέρον. Γαλιῶς περὶ σφυγμῶν. Τὸ λεγόμενον
σφυγμιμάσιον. Θεοφίλου βασιλικοῦ προσωποποιεῖς περὶ σφυγμῶν.
Μιχαὴλ τᾶ Ψελλᾶ ἰατρικὸν περιέχον ἅπασαν νόσον ἰατρικὴν ἐπιτροχάδην,
τὰ αἴτια αὐτῶν νόσων ὅπως ἢ νϊτανται, ἔτι κỳ καὶ ἢ τὴν θεραπείαν
αὐτῶν. Σύνοψις ἐν ἐπιτόμῳ ἁπλῶν νοσημάτων περὶ τῶν βοηθημάτων καὶ τῶν
παθῶν· μετὰ τῶν ἰδίων προσπορισμάτων. Περὶ τῶν ἐμπλά-
στρων· καὶ ἔτι περὶ τὰ προσφόρε ἢ λόγε, ἔσοδε ημ κατοδε
ληφθήσεται τὰ προσφόρε τὸ πολύχρονον.

mais il s'éleva vite au-dessus de cette profession et nous savons notamment qu'il fut lié d'amitié avec Jean-Antoine de Baïf et Ronsard. Il avait adressé à de Baïf une pièce de vers latins, qui ne nous a pas été conservée et à laquelle celui-ci répondit de la façon suivante :

CONTRETRÉNE A NICOLAS VERGÈCE, CANDIOT.

Fée, ces mignardises laisse,
Je ne puis entendre à tes jeux ;
Lâchons un peu couver nos feux.
Afin que m'acquitte à Vergéce
Qui m'a mis en souci plaisant,
M'étrenant d'un mignard présant
Que la Muse avec la Charite
Ont ourdi de fleurons d'eslite.

Ces beaux vers en langue latine
Confits au miel Catullien,
Vers de bon heur, méritent bien
Que beusse de l'eau Cabaline ;
Mais verse-moy de ce bon vin
Plein ce verre, qui tout divin
M'échauffe de fureur non vaine,
Pour n'être ingrat en Contretréne.

Amy, qu'en la prime jeunesse
J'accointay chez le bon Tusan,
Voici cinq fois le cinquieme an,
Tout nouveau venu de la Grece,

Lors que j'estoy si jeune d'ans
Que venoy de muer les dents,
Et mon printems n'entroit qu'à peine
Dedans la deuxieme semaine,

Compagnons d'une mesme escole,
De mesme estude et mesmes mœurs,
Et presque de pareils malheurs,
Pareille amitié nous affole.
Bien jeune tu vis escumer
Dessous toy la ronflante mer,
Tiré de l'isle ta naissance
Qui vit de Jupiter l'enfance ;

Moy, chetif enfantelet tendre,
Ce croy-je, encore emmaillotté
En des paniers je fus osté,
Pour dur à tout ennuy me rendre,
Hors la maternelle cité,
Où la noble postérité
D'Antenor dans le fons de l'onde
(Miracle grand) ses manoirs fonde (1).

Depuis, avoué de la France,
Mon aimé païs paternel,
Par quinze ans d'heur continuel
J'accompagnay ma douce enfance.
Mais, dés que mon pere mourut,
L'orage sur mon chef courut
Pauvreté mes espaulles presse,
Me foule et jamais ne me laisse.

(1) De Baïf naquit à Venise.

Je suis pauvre et tu n'es pas riche ;
Vien-t'en me voir, amy tresdoux,
Embrassons-nous, consolons-nous,
Le ciel ne sera tousjours chiche
Envers nous, du bien qui des mains
De fortune vient aux humains ;
Or vivons une vie etroitte,
En pauvreté, mais sans souffrette.

Nature, mere charitable,
De ses factures n'a mis loin
Ce qu'à leur estre fait besoin,
A qui est de façon traitable ;
Le bien croissant ne le fait tant
Estre ni riche ni contant
Que la convoitise, qui franche
Tout desir superflu retranche (1).

On sait qu'en 1552, les poètes de la Pléiade réunis à Arcueil pour fêter la représentation de la Cléopâtre de Jodelle, immolèrent aux pieds du poète, par une réminiscence antique, un bouc couronné de fleurs. Bertrand Bergier, dans ses « Dithyrambes recitez à la pompe du bouc de E. Jodelle » cite Vergèce parmi ceux qui assistaient à ce sacrifice après boire :

---

(1) Jean-Antoine de Baïf, *OEuvres en rime*, Paris, 1572, in-8°, t. Iᵉʳ, fol. 119 r°-120 r°.

Mais qui sont ces enthyrsez,
    Herissez
De cent feuilles de lierre,
Qui font rebondir la terre
De leurs piés, et de la teste
A ce bouc font si gran'feste?...
Tout forcené à leur bruit je fremy;
J'entrevoy Baïf et Remy;
Colet, Janvier, et Vergesse et le Conte,
Paschal, Muret, et Ronsard qui monte
    Dessus le bouc, qui de son gré
    Marche, à fin d'estre sacré
    Aux piés immortels de Jodelle.

Nicolas Vergèce n'était pas déplacé, semble-t-il, dans ce brillant cortège d'écrivains et de poètes. Il possédait bien le latin ; nous avons de lui quelques pièces de vers composées en cette langue. Il écrivait joliment aussi en français, témoin ce sonnet, par lequel il a collaboré au *Tombeau* de Gilles Bourdin, procureur général au Parlement de Paris :

Oyant le peuple esmeu faire une grand' complaincte,
Privé de son Bourdin, de sa vie amoureux,
Je sens le mesme effect qui le rend langoureux,
Et d'un pareil ennuÿ je sens mon âme atteincte.

De rage et de fureur bien la poictrine eut ceincte
La mort, de qui le bras d'un coup trop oultrageux

N'a sceu point pardonner à Bourdin genereux,
De l'Eglise et des bons la défense tressaincte.

O tressage Bourdin, des François l'ornement,
Puisque parti d'ici tu es soudainement,
Où sera désormais ta gentille demeure?

Seule peult ta vertu tel heur te faire avoir
Ta demeure ordonnant et si belle et si seure
Que le temps ni la mort n'y auront nul pouvoir.

N. Vergesse, Grec.

C'est à Coutances que Nicolas Vergèce est
mort, et voici l'épitaphe que lui a consacrée Ron-
sard, en 1573, treize ans après la date où il avait
composé l'épitaphe d'un autre Grec, vivant éga-
lement en France, Marulle Tarchaniote, « capi-
taine et poète grec très excellent, natif de Cons-
tantinople ».

ÉPITAPHE
DE NICOLAS VERGÈCE
Grec-Cretois, grand amy de l'autheur.

Crete me fit, la France m'a nourri,
La Normandie icy me tient pourri.
O fier Destin qui les hommes tourmente,
Qui fait un Grec à Coutance perir!
Ainsi prend fin toute chose naissante.
De quelque part qu'on puisse icy mourir,
Un seul chemin nous meine à Rhadamante.

Il y aurait en effet une certaine mélancolie à voir un montagnard crétois venir mourir en déraciné dans les plaines de Normandie, si nous ne savions qu'au cours des siècles la réciproque aussi a été vraie, et surtout si des gens comme les Vergèce et tant d'autres s'étaient exilés de leur pays sans profit pour personne. Mais il s'en faut qu'il en ait été ainsi. Le mouvement qui poussait ces savants et ces calligraphes vers l'Italie, la France et même l'Espagne, était un mouvement général. La Crète alors se trouvait trop petite et offrait un champ d'action trop restreint encore aux nombreux travailleurs intellectuels, qu'elle ne cessait de produire, malgré le fracas des combats. Ces gens devaient s'expatrier. Ils le faisaient avec d'autant moins d'hésitation qu'ils satisfaisaient ainsi un besoin inné de leur race ; et ils visaient par là un double but : personnel évidemment, désir de trouver en Occident une vie plus facile ; mais aussi but patriotique. Il me paraît hors de doute qu'un sentiment de cette nature n'a pas été étranger à la décision prise par Callergis de fonder à Venise une imprimerie rivale de celle d'Alde Manuce, qui se dénommait philhellène, et qui l'était en effet, mais qui n'était pas hellène. Il y avait pour Callergis une question

d'amour-propre, ce dont on trouve du reste la
preuve dans certains vers de Musurus, à ne pas
laisser aux Italiens le monopole typographique
des éditions d'œuvres anciennes, et à prendre,
lui Grec, la suite de la tradition hellénique. L'his-
toire, qui volontiers jette une ombre sur quelques
détails d'ordre secondaire, pour ne retenir que
des résultats généraux, a, depuis des années déjà,
assigné à ces Crétois et à tous ces Grecs une
place d'honneur parmi ceux qui ont contribué au
mouvement de la Renaissance. Nous tous, qui en
goûtons maintenant les fruits, leur devons réelle-
ment beaucoup.

CHAPITRE V

DEUX POÈMES CRÉTOIS SUR LES ENFERS

L'enfer homérique. — *Complainte de Pikatoros.* — *Le repos* de Bergadis. Sa parenté avec le cinquième chant du *Purgatoire* de Dante. — Le monde souterrain chez les Grecs modernes. Charon. Paganisme et christianisme.

On se rappelle qu'au chant xi de l'Odyssée, Ulysse raconte au roi des Phéaciens comment il s'est rendu chez les morts, afin d'y consulter l'ombre du devin Tirésias (1). Il a quitté l'île de Circé et aborde vers le soir au pays des Cimmériens. Là, il creuse une fosse et, après diverses libations et imprécations, il y fait couler le sang de moutons égorgés. Aussitôt les âmes accourent en foule, avides de goûter à ce sang, qui leur

(1) *Odyssée*, XI. Homère, *Odyssée*, trad. Leconte de Lisle (Paris, 1868, in-8º). Guilhelmus Wagner, *Carmina graeca medii aevi* (Leipzig, 1874, in-8º), pag. 224-241. Elpis Melaina, Κρητικὴ μέλισσα, 2ᵉ édit. (Athènes, 1888, in-8º), pag. 17-18. Passow,

redonnera un peu de vie, mais Ulysse les écarte
en tenant sur la fosse son épée.

Il voit en premier lieu son compagnon Elpé-
nor, dont il a dû abandonner le corps au pays de
Circé et qui lui demande de ne pas le laisser
ainsi sans sépulture ni pleurs funéraires, puis sa
mère, qu'il avait quittée vivante et qu'il écarte
elle aussi un moment de la fosse. Enfin, vient
Tirésias tenant un sceptre d'or. Ulysse remet
pour lui son épée au fourreau, le devin boit du
sang et lui révèle ce qui l'attend encore, avant
que la mort le prenne à Ithaque, chargé d'ans.

Il parla ainsi, et je lui répondis :
— Teirésias, les Dieux eux-mêmes, sans doute, ont
résolu ces choses. Mais dis-moi la vérité. Je vois
l'âme de ma mère qui est morte. Elle se tait et reste
loin du sang, et elle n'ose ni regarder son fils, ni lui
parler. Dis-moi, ô Roi, comment elle me reconnaîtra.

Popularia carmina Graeciae recentioris (Leipzig, 1860, in-8°),
n° 368. Legrand, *Collection de monuments*, n° 9, Paris, 1870, in-8°,
et *Bibliothèque grecque vulgaire*, tome II (Paris, 1881, in-8°),
pag. 94-122). Jeannaraki, *Kretas Volkslieder* (Leipzig, 1876,
in-8°), p. 144, n° 145. Bernhard Schmidt, *Griechische Märchen,
Sagen und Volkslieder* (Leipzig, 1877, in-8°), pag. 168-172, n°s
29, 30, 31. Pernot, *Anthologie populaire de la Grèce moderne*
(Paris, 1910, in-8°), pag. 203-228. Hesseling, *Charos*, Leiden et
Leipzig, s. d., in-8°.

Je parlai ainsi et il me répondit :

— Je t'expliquerai ceci aisément. Garde mes paroles dans ton esprit. Tous ceux des morts qui ne sont plus, à qui tu laisseras boire le sang, te diront des choses vraies ; celui à qui tu refuseras cela s'éloignera de toi.

Ayant ainsi parlé, l'âme du roi Teirésias, après avoir rendu ses oracles, rentra dans la demeure d'Aidès ; mais je restai sans bouger jusqu'à ce que ma mère fût venue et eût bu le sang noir. Et aussitôt elle me reconnut, et elle me dit, en gémissant, ces paroles ailées :

— Mon fils, comment es-tu venu sous le noir brouillard, vivant que tu es ? Il est difficile aux vivants de voir ces choses. Il y a entre celles-ci et eux de grands fleuves et des courants violents, Okéanos d'abord qu'on ne peut traverser, à moins d'avoir une nef bien construite. Si, maintenant, longtemps errant en revenant de Troiè, tu es venu ici sur ta nef et avec tes compagnons, tu n'as donc point revu Ithakè, ni ta demeure, ni ta femme ?...

Elle parla ainsi, et je voulus, agité dans mon esprit, embrasser l'âme de ma mère morte. Et je m'élançai trois fois, et mon cœur me poussait à l'embrasser, et trois fois elle se dissipa comme une ombre, semblable à un songe. Et une vive douleur s'accrut dans mon cœur, et je lui dis ces paroles ailées :

— Ma mère, pourquoi ne m'attends-tu pas quand

je désire t'embrasser? Même chez Aidès, nous entou-
rant de nos chers bras, nous nous serions rassasiés
de deuil! N'es-tu qu'une image que l'illustre Persé-
phonéia suscite afin que je gémisse davantage?

Je parlai ainsi, et ma mère vénérable me répondit :

— Hélas ! mon enfant, le plus malheureux de tous
les hommes, Perséphonéia, fille de Zeus, ne se joue
point de toi ; mais telle est la loi des mortels quand
ils sont morts. En effet, les nerfs ne soutiennent plus
les chairs et les os, et la force du feu ardent les con-
sume aussitôt que la vie abandonne les os blancs, et
l'âme vole comme un songe. Mais retourne prompte-
ment à la lumière des vivants, et souviens-toi de
toutes ces choses, afin de les redire à Pénélopéia.

Après avoir ainsi parlé à l'ombre de sa mère,
Ulysse laisse une à une approcher d'autres âmes,
toutes de femmes d'abord : Tyro, fille de Salmo-
née, Antiope, Alcmène, Épicaste, mère et femme
d'Œdipe, ainsi que nombre d'autres. Puis vient
Agamemnon, qui en le reconnaissant fond en
larmes et tend les bras pour le saisir, mais « la
force qui était en lui autrefois n'était plus, ni la
vigueur qui animait ses membres souples. »
Achille, qui lui succède, pleure aussi, et à Ulysse,
qui lui dit en manière de consolation que per-
sonne jusqu'ici n'a eu son heureux sort, car vivant

il était honoré des Grecs à l'égal d'un dieu et maintenant il reste puissant aux enfers, il répond tristement : « Ne me parle point de la mort, illustre Odysseus ! J'aimerais mieux être un laboureur, et servir, pour un salaire, un homme pauvre et pouvant à peine se nourrir, que de commander à tous les morts qui ne sont plus ». Comme l'a fait Agamemnon un instant auparavant, il s'enquiert du sort de son fils, et, quand il apprend que celui-ci est parti de Troie, glorieux et riche de dépouilles, il s'éloigne tout joyeux parmi les champs d'asphodèle. Ajax a, lui aussi, conservé ses sentiments terrestres ; il n'a pu oublier qu'Ulysse lui a disputé victorieusement les armes d'Achille et, malgré les éloges que lui adresse ce dernier, il s'éloigne sans prononcer une parole. Et, après Minos, Orion, Tityos, Tantale, Sisyphe, Ulysse voit encore la force Herculéenne, un fantôme, — car Hercule lui-même, en tant que Dieu, participe aux festins des immortels, à côté d'Hébé son épouse.

Cette ombre s'avance, pareille à la nuit noire ; elle porte un bouclier redoutable et artistement travaillé, tient son arc bandé, et répand la terreur autour d'elle. Ulysse attend encore, espérant voir venir d'autres héros, mais la foule des morts

augmente au milieu d'un immense bruit ; il est
pris de peur, regagne son vaisseau et reprend le
chemin de l'île de Circé.

D'Homère à nos jours, nombreuses et très diver-
ses sont, dans la littérature grecque, les œuvres
où il est question de l'autre vie. Les philosophes
en ont traité ; des auteurs satiriques l'ont prise
comme thème ; le christianisme l'a présentée aux
masses sous un jour nouveau ; conceptions païen-
nes et chrétiennes se sont même plus d'une fois
enchevêtrées, comme par exemple dans cette Apo-
calypse de la Vierge, où Marie elle-même descend
aux Enfers, pour y soulager les tourments des
damnés. Dans cette ensemble, les productions
néo-helléniques n'occupent qu'une bien maigre
place au point de vue littéraire. Mais il en est tout
autrement quand on les envisage par rapport au
folklore, et, à cet égard, peut-être n'est-il pas inu-
tile de dire ici quelques mots de deux poèmes,
l'un et l'autre crétois, qui ne sont guère connus
que des seuls spécialistes.

Le premier est intitulé *Complainte rimée sur
l'amer et insatiable Hadès*, œuvre de sieur Jean

Pikatoros de la ville de Rhéthymno. Il date pro-
bablement des commencements du XVI° siècle, au
plus tard, et comprend 563 vers. En voici le
début :

Plein d'amertume et de fiel, car je veillais depuis
longtemps (1), je m'étendis pour prendre un air de
sommeil. Il me parut, étant couché, dans mes imagi-
nations de sommeil — la tête me faisait mal et mon
cœur était en peine —, il me parut que je passais dans
une étroite vallée et qu'elle était remplie d'une innom-
brable troupe de bêtes féroces, au milieu desquelles
je vis un grand dragon. De sa gueule jaillissait du
venin et de son corps sortaient des langues de feu, des
étincelles et de la fumée, qui arrivaient dans ma
direction.

C'est donc un songe qui nous est raconté ; c'est
par la gueule de ce dragon, auquel il tente en
vain d'échapper, que le narrateur est censé péné-
trer dans l'Hadès. On sait combien pareille con-
ception est courante : dans nombre de peintures
religieuses grecques modernes, l'entrée de l'Enfer

(1) Nous traduisons ici le texte grec tel qu'il a été publié.
On n'en possède qu'un seul manuscrit, qui paraît fort médiocre,
et il est permis de croire que des phrases comme celle-ci ren-
ferment quelque erreur de copiste.

est ainsi représentée, et il s'en faut que ceci soit particulier à la Grèce.   ·

L'auteur arrive par là aux portes de l'Hadès, qui sont soigneusement fermées. Devant elles Charon va et vient, les mains ensanglantées, monté sur un cheval noir, tenant un faucon, un arc et des flèches ; son aspect est sauvage ; il est vêtu de bronze, taché de sang. A sa vue, le nouvel arrivant veut fuir, mais un serpent à trois têtes garde l'entrée et, au bruit que fait ce serpent, Charon accourt galopant. Il demande : « Que viens-tu chercher dans l'Hadès, frère, et qui donc t'a appelé? As-tu ici quelque ami, un compatriote, un parent, un voisin? »...

« Je suis venu, répond son interlocuteur épouvanté, pour voir le lieu où tu es, ta puissance, où se trouve le siège de ta royauté, pour contempler, Charon, les forteresses que tu détiens, les villes que tu parcours en corsaire, pour voir comment tu gouvernes la seigneurie que tu as reçue ; ceux que tu prends sur la terre, que tu jettes bas et que tu tues, les rois et les princes, comment tu les ramasses, en quel lieu ils finissent, dans quelle prison tu les mets, en sorte qu'ils ne songent plus à revenir vers leurs amis et connaissances. Leur fais-tu des honneurs, leur donnes-tu des cours, des mariages, des divertissements, les laisses-tu voir

les belles ? Ont-ils trouvé à mettre d'autres vêtements
et d'autres parures? Ont-ils pour toujours banni leurs
amis de leur esprit, songent-ils à revenir, ou les
gardes-tu enfermés et les surveilles-tu à la ronde ?

— Si tu es venu pour voir les forteresses de
Charon, tu verras des villes obscures, sur lesquel-
les ne brille aucun astre, des lieux méconnais-
sables, sans cours et sans chemins, des sentiers
impraticables que ne suit nul passant, des portes
toujours fermées, étroitement verrouillées. Ceux
qui arrivent ici ne se souviennent pas du monde,
ils ne se soucient ni de noces ni de parures, leurs
vêtements se décomposent ; ils observent l'bumi-
lité et le silence, s'ignorent les uns les autres ;
il n'est ici ni ans, ni mois, ni heures, ni brillant
soleil, ni bateaux de commerce, ni joyeux matelots,
ni palais, ni marchés, ni juges, ni rois, les sei-
gneurs ne sont pas distincts de leurs serviteurs,
les servantes de leurs maîtresses ».

Charon alors le prend en selle et lui fait par-
courir sa noire demeure. Ils vont, dans l'obscurité
et la terreur, et arrivent à un fleuve mugissant,
aux eaux insondables, aux rives peuplées de bêtes
féroces, sur lequel est jetée une arche haute et
étroite qu'ils franchissent (1). C'est de l'autre côté

(1) Voir page 206, note.

de ce fleuve, transformation probable du Léthé, que se trouve le séjour des trépassés. Après une chevauchée assez longue encore, les voyageurs parviennent à un endroit où l'on entend de terribles gémissements. Ils mettent pied à terre, Charon attache son cheval à un arbre, soulève une pierre par un anneau et montre à son compagnon l'entrée de l'obscure prison qu'est la demeure des morts.

Ils descendent un escalier à marches étroites et arrivent à une porte, dont Charon a la clé. Quand elle s'ouvre, le visiteur voit devant lui la foule des morts, étendus, mangés des vers, les mains croisées et les yeux clos. A cette vue, il s'emporte contre Charon et lui reproche de ne pas prendre les vieillards au lieu des jeunes gens, les malheureux au lieu de ceux qui sont heureux, les méchants au lieu des bons, mais Charon lui montre son arc et ses flèches : c'est avec eux qu'il abat sans pitié ses victimes, qu'il sépare les parents de leurs enfants, les femmes de leurs maris.

Et le voyageur lui demande encore : « Est-ce vraiment Dieu qui t'envoie pour tuer les mortels, ou es-tu par toi-même l'ennemi du genre humain? — Sans la volonté de Dieu, réplique-t-il, je ne fais rien ; je n'ai rien en mon pouvoir, pas même le moindre grain de sable. »

Ah ! si l'on pouvait échapper à Charon ! Pareille idée revient souvent dans les textes de ce genre. Le visiteur y songe, lui aussi, et se demande s'il n'est vraiment pas possible de sauver un ami, en opposant la force à la force. Reprenant, à son insu, l'antique tradition dont Euripide a fait usage dans son Alceste, il voudrait qu'on pût subs- litner à soi-même, un fils, un parent, un père, une mère, un frère, ou encore, qu'en simulant une noce on fît entrer Charon dans la danse, afin qu'il oubliât tel ou tel. Mais à cela aussi la volonté divine s'oppose.

Nous sommes ainsi parvenus au vers 385, à tra- vers une foule de digressions religieuses et morales, que nous avons passées sous silence. A ce moment, le visiteur a la malencontreuse idée de demander à Charon pourquoi l'homme est né, puisqu'il porte la mort en lui-même et qu'il doit finir dans l'Hadès. C'est alors toute la création du monde et l'histoire du péché originel que Charon entreprend de narrer, suivant les données de l'Écriture sainte. Le versificateur paraît s'en être lui-même lassé. Il s'est arrêté au vers 563, au cours de son travail, à l'instant où Adam fait une description poétique du paradis qu'il a perdu.

Qu'était-ce que ce Pikatoros, mentionné dans le titre comme auteur du poème ? Si c'est à lui que nous devons la version que nous venons d'analyser, vraisemblablement un rimailleur, qui aura opéré sur une tradition plus ancienne en y mêlant ses propres conceptions. Nous en trouvons la preuve dans le mirologue crétois suivant, rimé lui aussi, qui par endroits est identique au poème et semble bien, malgré son état fragmentaire et des défauts de détail, nous avoir conservé les grandes lignes de la tradition première :

Un jeune homme décida de descendre dans l'Hadès, d'aller trouver Charon, pour être toujours avec lui. A la première porte qu'il veut franchir, à l'endroit du passage, il aperçoit un dragon à trois têtes, attaché par une chaîne : l'une lançait du feu, l'autre de la fumée et du soufre, la troisième desséchait le pont du cheveu (1). Et au grand tapage que faisait ce portier, voici que Charon accourt monté sur son cheval noir.

— Jeune homme, que cherches-tu ici ? Un higou-

(1) Τῆς τρίχας τὸ γεφύρι. La tradition veut que pour arriver dans l'Hadès les âmes traversent un pont branlant et étroit comme un cheveu. Celles qui n'y parviennent pas tombent dans le fleuve et se perdent. C'est sur ce pont qu'ont passé tout à l'heure Charon et son compagnon.

mène, un cellérier (1)? Quel vent a pu te pousser vers la Grande porte ?

— J'avais vif désir et envie de venir m'entretenir avec quelqu'un qui sût, et de l'interroger. Charon, pourquoi prends-tu les jeunes gens, et pourquoi est-ce que tu les tues ; et les bons rois, pourquoi les mets-tu à mort ?

— C'est donc moi que tous détestent et qu'on pourchasse comme un cœur dur et sans pitié, comme un chien ! Lorsque je pense à vous, je frappe et je tue et j'arrête vos années dans la fleur de la jeunesse. Je prends les jeunes épousés, je romps tous les liens, j'éparpille les parentés et je sépare les amitiés. Ici, dans les cours de Charon il n'y a pas de verdure, ni de champs de cible pour y jouer aux palets, ni de sceptres d'or que tiendraient les rois, il n'y a que fange et boue, et les chemins y sont méconnaissables. Il n'y a pas de berceuses pour les petits, de jeux pour les grands, et les bébés ne boivent pas de lait dans l'Hadès ; ils pleurent la nuit pour le sein, à l'aube pour qu'on les prenne et, quand le jour est levé, ils pleurent après leur mère.

(1) C'est-à-dire, si je comprends bien : « T'imagines-tu que tu arrives dans un couvent accueillant aux passants ? » Ce même vers se retrouve dans le poème (v. 102), mais sous une forme plus obscure encore.

*
* *

Repos de Bergadis, rime très savante et très recherchée des gens sages, tel est le titre de notre deuxième poème, qui a été imprimé pour la première fois en 1519.

De l'auteur lui-même nous ne savons rien, sinon qu'il était peut-être lui aussi de Rhéthymno, car l'existence d'une famille notable du nom de Bergadis est attestée dans cette ville au cours du xvii° siècle ; la langue du poème indique du reste un auteur crétois. Quant au titre, Apokopos, « repos », il est simplement — chose fort étrange — basé sur le fait que l'auteur est censé se coucher après une grande fatigue, et voir l'enfer en songe. Ajoutons que le texte, dont nous possédons deux versions, est fort mal conservé. Il renferme des fautes, des interversions, probablement des lacunes, certains indices laisseraient croire qu'il remonte à un original non rimé, et il est grandement désirable qu'un manuscrit nouveau vienne un jour jeter quelque lumière sur tous ces points obscurs.

Dans un prologue de 66 vers, sur les 550 environ dont se compose ce poème, l'auteur expose qu'un soir il s'est endormi, harassé, et qu'il a fait un songe. Il lui a semblé qu'il chassait à cheval une biche, avec un arc et des flèches.

Après une longue poursuite, il arrive dans une jolie plaine et met pied à terre, près d'un arbre qu'animent une multitude d'oiseaux et sur lequel il aperçoit un essaim d'abeilles. Il y monte, s'empare du miel et constate avec terreur que l'arbre vacille. C'est qu'il est rongé par deux souris, l'une blanche, l'autre noire. De plus, loin de se trouver en pays plat, comme il semblait, cet arbre est en réalité sur le bord d'un précipice, au fond duquel le narrateur aperçoit la gueule béante d'un dragon. Il y tombe et se trouve ainsi dans l'Hadès.

Par ce début, l'Apokopos offre, on le voit, une certaine analogie avec le Pikatoros — et aussi avec une tradition orientale dont l'examen serait ici hors de propos —; mais il s'en écarte immédiatement après : l'Enfer, que nous venons de trouver silencieux et muet, va nous être maintenant dépeint comme extraordinairement animé.

Dès que le narrateur arrive en ce lieu obscur, il entend un grand tumulte ; des voix discutent sur sa venue ; les morts lui députent deux d'entre eux, pour savoir qui il est et comment il a pu franchir la porte, sans permission.

Études de littér. gr. mod.   12·

Et deux d'entre eux vinrent à moi, noirs et cou-
verts de toiles d'araignées, comme une ombre de
jeunes gens, un crépuscule, en proie à mille agita-
tions. Penchés ils me saluèrent, doucement ils me
parlèrent, et moi je fus pris de terreur, je ne savais
que répondre. Ils me dirent : « D'où et comment viens-
tu ? Qui es-tu ? Que cherches-tu, et sans guide ici
dans l'obscurité comment marches-tu ? Comment es-
tu descendu tout animé, tout vivant comment es-tu
venu, et dans ta patrie comment repartiras-tu ? Celui
qui descend dans l'Hadès ne peut s'en retourner ;
seule la résurrection est capable de le réveiller. Ton
haleine embaume et tes vêtements de lin sont écla-
tants. On dirait que tu courais dans les vallées, dans
les sentiers de la plaine. Tu viens du monde, de la
ville des vivants !

Dis-nous si le ciel subsiste et s'il y a encore un
monde. Dis-nous s'il éclaire et tonne, si le temps se
couvre et s'il pleut, si le Jourdain roule toujours ses
flots. Y a-t-il des jardins et des arbres, des oiseaux
qui chantent ? Y a-t-il des collines parfumées, des
arbres en fleurs, de fraîches prairies ? souffle-t-il une
douce brise ? Les astres du ciel et l'étoile du matin
brillent-ils encore ? Les églises sonnent-elles toujours,
pour appeler les prêtres à l'office ? Se lève-t-on à
l'aube pour allumer les cierges ? Des enfants, des
jeunes gens se rassemblent-ils, au printemps, et
passent-ils dans les quartiers, se tenant par le bras ?

Chantent-ils leur amour à l'aurore, en marchant dou-
cement, en passant avec ordre? Y a-t-il des mariages,
des réjouissances, des processions et des jours fériés?
Les jouvencelles ont-elles des rivalités et des joies?

Les garçons ont-ils toujours leur même aspect et les
jeunes filles leurs mêmes charmes? Le samedi arrête-
t-on de bonne heure le travail, va-t-on au bain, se
change-t-on? Le dimanche matin se lave-t-on le
visage? met-on ses beaux habits pour aller à l'église?
Les bourgeoises se promènent-elles avec des ser-
vantes et des manteaux et fleurent-elles au passage
le musc et le bain? Ont-elles des cours, des palais,
des tricliniums? La domesticité va-t-elle dresser des
tentes dans les plaines, chasse-t-on la perdrix au fau-
con et au chien? Les vieillards, les maîtres de mai-
son ont-ils toujours la préséance, comme ils l'avaient,
quand nous étions en vie? »

Nous sommes ici, parmi certaines images mé-
diévales qu'il est superflu de souligner, en plein
domaine de chanson populaire. Les comparaisons
se présentent nombreuses. Il suffira d'en indiquer
deux.

Au fond des noirs abîmes, en bas dans le monde
souterrain, se lamentent les belles jeunes filles et
pleurent les jeunes garçons. Quelles sont leurs lamen-
tations? quelles sont leurs larmes?

— Y a-t-il encore un ciel et un monde là-haut ? Y a-t-il encore des églises et des icônes dorées ? Y a-t-il encore des métiers, où tissent les matrones ?

Cette première version est empruntée au recueil de Passow, où elle est donnée comme un mirologue. La seconde est de provenance crétoise. A en juger par le refrain qui suit chaque vers et qui est ἡ βεργολυγερή « la svelte jouvencelle », c'est une chanson de danse, ce qui, comme l'on sait, n'implique pas en Grèce une idée de gaîté.

Une jeune fille m'a rencontré sur les trois marches de l'Hadès — et je pensais qu'elle m'interrogerait sur sa mère ou sur son père, — ou sur un frère ou sur une sœur, ou sur des cousins germains. — Mais elle ne m'a interrogé ni sur sa mère, ni sur son père, — ni sur un frère, ni sur une sœur, ni sur des cousins germains. — Elle s'est mise à m'interroger sur le monde d'en haut. — « Garçons, y a-t-il encore un ciel et un monde là-haut ? — Garçons, les femmes des braves se marient-elles ? — Garçons, construit-on des églises, construit-on des monastères, — baptise-t-on des enfants ?

Dans l'Apokopos, poursuivant leurs questions, les défunts demandent encore :

Le monde le parcourais-tu ? les villes les traversaistu? Dis-nous si les vivants dans leur joie se souviennent de nous. Dis-nous, ont-ils du chagrin, ont-ils quelque peine de nous? ont-ils encore autant de tristesse que lorsqu'ils nous ont enterrés? Apportes-tu des nouvelles et des lettres, des consolations aux affligés qui sont ici, dans l'Hadès amer et noir comme suie? Lis-nous les lettres et dis-nous les nouvelles, et tout ce que nous possédons ici, donne-nous les lettres et prends-le.

Et à chaque mot ils pleuraient, à chaque deux mots ils gémissaient. « Disperse-toi, terre muette; ouvre-toi, sol! criaient-ils. Que se brisent les portes de l'Hadès, que tombent les chaînes, qu'entre la rosée du ciel, qu'entrent les rayons du soleil! »

Le voyageur leur répond alors :

— Le ciel subsiste et il y a encore un monde. Il ne manque rien de ce que vous vous rappelez. Il y a des fleurs, des fruits, on cultive, les plantes poussent et embaument, l'année aux douze mois tourne comme une roue. Les uns jouissent du monde, sans se souvenir de vous; les autres sont consumés de peines et de regrets.

— Et, disent-ils, ceux qui sont joyeux possèdent-ils l'héritage de ceux qu'ils ont enterrés et plongés dans l'Hadès?

— Oui, ceux qui sont joyeux possèdent cet héritage, ils en jouissent avec d'autres, ils ont oublié le défunt; on dirait qu'ils ne l'ont jamais vu, qu'il n'a jamais été au monde.

Ils soupirèrent et dirent encore : « Les jeunes femmes, qui sont devenues veuves, ont-elles cherché à mettre une seconde couronne, ou bien ont-elles pris le froc noir, portent-elles la croix, habitent-elles les couvents, où elles prient pour nous? Ne nous cache rien, dis-nous ce qu'il en est, comment elles se comportent.

Le visiteur voudrait ne pas répondre, mais les morts insistent et ils apprennent alors que beaucoup de veuves se sont consolées et les ont remplacés par d'autres, qui mettent leurs vêtements et dorment dans leurs draps. Certaines, il est vrai, sont d'abord restées cloîtrées dans leurs maisons, mais, bientôt après, elles ont commencé à courir les églises et, le soir venu, elles enjambent les tombeaux de leurs maris, pour aller à de sacrilèges rendez-vous. Il en est pourtant qui, vraiment attristées, se tiennent loin des temples et détestent les monastères; elles se verrouillent chez elles, barricadent leurs fenêtres, « elles ont la raison pour curé et leur bon sens pour confesseur »; mais celles-là aussi sont en butte aux sollicitations des prêtres qui viennent leur dire : « Petite dame, à quoi te sert de rester à la maison, d'être dans l'obscurité, comme une poule dans sa couchette. Ma dame, descends de tes hauteurs, descends de ton étage élevé, et va-t'en à l'église, entendre la parole de Dieu. La fortune qui t'est échue, les biens que tu gardes, dépose-les dans des églises, et vite tu te sanctifieras. Ne te laisse pas égarer par un parent, tromper par un ami. Joie à celui qui donne aux églises et possède de quoi faire l'aumône aux pauvres. »

On voit que l'auteur n'a pas meilleure opinion des prêtres que des femmes. Mais, après ce tableau pessimiste, en vient un autre d'un genre tout différent :

Comment nos malheureuses mères supportent-elles, et l'absence de leurs fils, et le mariage de leurs brus? Peuvent-elles voir nos maisons sans nos personnes, regarder nos vêtements, sans entendre nos voix?

— Avec vous elles ont perdu leur lumière. Elles ne regardent pas ce qui se passe, elles font fi de leurs biens. C'est sur vous qu'elles s'attristent et gémissent; le monde, elles l'ont oublié, pour ne plus penser qu'à vous.

Et, comme si ce rappel avait à lui seul plus de force que tous les autres, les morts font un signe de silence, ils laissent là les questions et commencent une chanson « qui ressemble à un mirologue » :

Christ, si la dalle pouvait se fendre, le sol s'éparpiller; si nous pouvions, les humbles, nous lever de de notre couche sans soleil! que revînt notre figure, que renaquît notre personne, que parlât notre bouche et que se fît entendre notre voix! Si nous pouvions marcher là-haut, fouler la terre, aller à cheval, tenir des faucons! Les lévriers nous devanceraient à la maison, la nouvelle se répandrait que les absents reviennent, nous verrions qui sortirait à notre rencontre, qui nous recevrait aux portes de nos cours, et si vraiment étaient sincères les serments de ceux qui nous disaient : « Par le roi du ciel, le créateur tout puissant, si Charon acceptait un échange, un équivalent, nous donnerions pour vous corps et âme avec joie ».

En lisant le texte grec, on peut se demander si, dans ce qui précède, les interlocuteurs du vivant sont toujours les deux jeunes gens qui se sont présentés à lui au début, ou au contraire la foule des morts. La rédaction à cet égard témoigne d'un certain flottement. Pourtant, c'est à la première hypothèse qu'il y a lieu de s'arrêter, car, après tous ces développements, le visiteur demande à son tour aux jeunes gens comment il se fait qu'ils sont là.

Ceux-ci le lui expliquent avec force détails. Ils habitaient, disent-ils, en des vers dont quelques-

uns sont du reste très obscurs, une ville célèbre
et opulente, qui était, entre autres choses, « le
trône rival de Rome, un réceptacle de présomp-
tion et de fourberie » ; d'où il est permis de con-
jecturer qu'il s'agit de Constantinople et que
celui qui a écrit ceci était un Grec latin. Leur
père, le premier de la cité, a frété pour eux un
bateau, qui devait les conduire vers leur sœur,
mariée à l'étranger. Surpris par une tempête, ce
bateau s'est perdu corps et biens et, en arrivant
dans l'Hadès, ils ont eu la douleur d'y trouver
leur sœur, morte en couches. Ce récit comprend
à lui seul 160 vers. Au premier abord on ne saisit
pas sa raison d'être. Peut-être en entreverrons-
nous l'origine tout à l'heure.

Après ce long épisode, le poème reprend son
cours normal. Le voyageur va quitter l'Hadès, on
le retient encore et la foule des morts arrive :
jeunes gens et jeunes filles; hommes faits; guer-
riers, le sabre nu ; des seigneurs à pied ou à che-
val, amenant avec eux leurs domestiques; des
orateurs et des notaires, des diacres, des évêques,
des popes, des couples innombrables. On apporte
des escabeaux pour faire asseoir les notaires;
chacun d'eux tient une plume, du papier et un
encrier; ils ont autour d'eux une multitude qui

les presse, l'un demande des billets, l'autre ré-
clame du papier ; on crie : « Aujourd'hui un
envoyé part de l'Hadès, il faut se hâter ! » On
prend aux écrivains les billets humides, les uns
les cachettent, les autres les donnent ouverts.
Tous tendent les bras vers le vivant, pour le pres-
ser de s'en charger ; ils lui recommandent de ne
pas les laisser tomber, de dépeindre oralement
en les remettant, le triste sort de ceux qui sont
dans l'Hadès, et de demander aux humains des
aumônes, qui soulageraient les pauvres âmes.

Les divers érudits qui se sont occupés de ce
poème en ont admis comme évidente, sans s'ex-
pliquer autrement, la parenté avec la *Divine
comédie*. Il est possible, semble-t-il, de préciser
davantage. Peut-être pourrait-on considérer le
cinquième chant du *Purgatoire* comme le noyau
de l'*Apokopos*.

Dante, précédé de Virgile, rencontre des
âmes qui s'avancent en chantant le *Miserere*.
Quand elles s'aperçoivent que son corps inter-
cepte les rayons de la lumière, ce qui prouve
qu'il est vivant, elles poussent un cri d'étonne-

ment, et deux d'entre elles, semblables à des
hérauts, viennent s'enquérir de sa condition.
Virgile confirme qu'il est de chair véritable ; les
deux âmes retournent alors vers leurs compagnes
et toutes accourent vers lui. Elles le prient d'ar-
rêter ses pas, de voir s'il a connu quelqu'une
d'entre elles, dont il pourrait porter des nou-
velles sur la terre. Eux tous ont péri de mort vio-
lente, mais ils sont sortis de la vie dans des sen-
timents de pardon et de repentir. Jacques del
Cassero, qui parle le premier, a été assassiné par
d'Este et fait dire aux habitants de Fano de prier
pour lui. Buonconte de Montefeltro est tombé,
blessé, dans l'Archiano et a rendu le dernier
souffle en prononçant le nom de Marie, ce qui a
sauvé son âme ; mais le suppôt de l'Enfer s'est
emparé de sa dépouille et l'a roulée dans l'Arno,
dont les sables lui servent de sépulture. Pia, la
Siennoise, morte aux Maremmes, lui demande
de se souvenir d'elle, quand il sera de retour
dans le monde. D'autres encore, dans les pre-
miers vers du sixième chant, se font reconnaître
de lui, et tous le supplient de faire hâter par des
prières le moment de leur béatitude.

Telles sont bien les données essentielles de
l'Apokopos, abstraction faite de son début, qui

suppose une autre tradition. Aucune description
du lieu où sont les morts, comme dans le Pika-
toros par exemple, mais des préoccupations toutes
spirituelles, morales ou religieuses : les défunts
ne cessent de penser aux vivants, ils veulent que
ceux-ci fassent de même, ils leur envoient de
leurs nouvelles. Les deux hérauts, personnages
tout secondaires chez Dante, ont pris dans l'Apo-
kopos plus d'importance, sans cependant passer
encore au premier plan ; c'est à la troupe des
morts que reste attaché l'esprit du lecteur. L'épi-
sode même qui concerne ces jeunes gens, incom-
préhensible avec les seules données de l'Apoko-
pos, devient plus clair, à la lecture des vers de
Dante et notamment du passage relatif à Buon-
conte de Montefeltro. Eux aussi ont été brusque-
ment surpris par la mort, mais comme l'idée de
Purgatoire est absente de l'Apokopos — on sait
que ce n'est pas là une conception hellénique —
la soudaineté de cette mort n'a plus de significa-
tion en grec, et l'épisode tout entier prend par là
dans notre poème l'apparence d'une simple
digression.

C'est dire que nous ne croyons pas à des
rapports directs entre la Divine comédie et l'Apo-
kopos. L'état défectueux de la version crétoise

s'y opposerait déjà à lui seul. Il y a eu certaine-
ment ici un ou plusieurs intermédiaires que nous
ne connaissons pas.

* *

Un des traducteurs français de Dante a mis au
chant cinquième la note que voici : « Les âmes
du Purgatoire demandent d'abord des prières ;
ensuite elles éprouvent un grand plaisir à savoir
qu'on parlera d'elles dans ce monde. En donnant
à ces ombres cet amour pour la gloire et la renom-
mée, le poète ne fait-il pas ces ombres trop sem-
blables aux hommes qui habitent encore la
terre ? » C'est là méconnaître, semble-t-il, une des
qualités de l'œuvre de Dante : sa fidélité a une
tradition que nous avons trouvée vivace chez
Homère et qui, même à l'heure présente, est loin
d'avoir disparu.

Et c'est précisément là ce qui explique com-
ment une imitation de Dante aussi gauche que
l'Apokopos a pu cependant aboutir à quelque
chose d'assez prenant encore pour des esprits
helléniques. L'Hadès ainsi décrit ne leur est nul-
lement étranger. Cette survie sous la terre est
celle-là même que supposent les chansons popu-
laires grecques : sauf dans les cas, assez rares,

où il est question de Dieu et des Saints, qui natu-
rellement ne peuvent être qu'au ciel, il n'existe
dans ces chansons que deux mondes : celui où
nous vivons, qui est « le monde d'en haut », et
l' « Hadès » ou « monde d'en bas ». Et il ne s'agit
pas ici d'une simple survivance de littérature
populaire, mais d'une croyance fortement enra-
cinée : qu'on parle à un Français du monde d'en
haut, ou bien il ne comprendra pas, ou bien il
pensera au ciel, à « là-haut », par opposition à
« ici-bas » ; au contraire, pour un Grec quel qu'il
soit, l'expression signifie « sur la terre », et au
monde d'en haut il oppose le monde souterrain.
Cette question de langue est, chez les deux peu-
ples, l'indice de croyances bien distinctes.

Dans les chansons populaires grecques, le mort
continue à vivre sous la terre d'une vie amoin-
drie. Il lui reste une sensibilité. Il se plaint, si
quelqu'un marche par mégarde sur sa tombe :

Ces jours derniers, je passais à la porte de l'église,
non pour recevoir la bénédiction et m'en aller : je
m'arrêtai et je comptai combien il y avait de tombes.
Il y avait là cent tombes et deux cents dalles, et je
marchai par mégarde sur la tombe d'un homme cou-
rageux. J'entendis la tombe gémir et le jeune homme
soupirer.

— Qu'as-tu, tombe, pour gémir, jeune homme, pour soupirer? La terre te serait-elle lourde et trop large ta dalle?

— La terre ne m'est pas lourde, ni trop large ma dalle, mais c'est que tu viens de me marcher sur la téte. N'ai-je donc pas été jeune, moi aussi, n'ai-je pas été un pallikare? N'ai-je pas marché moi aussi, la nuit, au clair de lune? N'étais-je pas fils de roi, petit-fils de bon souverain? J'avais Mai sur mes épaules, le printemps dans ma poitrine, l'étoile du matin et du soir à mes yeux et à mes sourcils; je ne daignais pas poser le pied à terre, et maintenant j'ai dû accepter la terre noire pour lit.

Ailleurs, un klefte, blessé à mort, dit à ses compagnons :

Prenez-moi, que je me soulève; aidez-moi à m'asseoir et faites-moi un lit de branches d'arbre, afin que je me repose un peu; apportez aussi ma guitare, que doucement je chante, que je dise mon mirologue, ma dernière chanson :

— Moustache noire comme l'ébène, sourcils bien dessinés, et toi, manteau superbe, long aux épaules, hélas! la terre triste et noire va vous dévorer.

Camarades, avec vos couteaux creusez-moi mon tombeau, à la mesure de deux personnes, pour que debout j'y combatte, pour que tout debout j'y charge mon fusil. Et du côté droit laissez une petite fenêtre,

que le soleil y donne le matin et la lune la nuit, que
mes chabraques brillent et qu'étincelle mon sabre,
et que puissent me souhaiter le bonjour les jeunes
kleftes qui passeront :

— Bonjour à toi, mon Yoti ! — Salut, les com-
pagnons !

Innombrables sont les chansons où les défunts
expriment le désir de revenir sur terre :

Hier soir, je passais devant la porte de l'église, et la
terre noire avait une fissure, j'ai vu le monde d'en bas,
j'ai entendu les jeunes filles se lamenter, les jeunes
gens gémir, je les ai vus lever les bras et faire le signe
de croix :

— Avec toutes les bonnes actions que fait Dieu, il
en est une qu'il ne fait pas : ouvrir le monde souter-
rain à chaque dimanche gras et à chaque fête de
Pâques, que la mère voie ses enfants et les enfants
leur mère, que se revoient les couples qui s'aiment
tendrement, et que les sœurs aussi voient leurs
frères chéris !

Il arrive même que des morts cherchent à fuir
de l'Hadès :

Que vous êtes heureuses, hautes montagnes et
plaines bénies, qui n'attendez pas Charon, qui ne

craignez pas Charon! En été vous vous couvrez de brebis et de neiges en hiver.

Trois braves se sont mis en tête de sortir de l'Hadès : l'un veut sortir au printemps, l'autre en été, le troisième en automne, quand tombent les feuilles.

Une femme aimée du monde, une jeune femme les implore, les mains jointes :

— Garçons, emmenez-moi avec vous dans le monde d'en haut, pour que j'allaite mon enfant, et ensuite je reviendrai.

— Nous ne pouvons pas, la belle, nous ne pouvons pas, jeune femme; tes vêtements font du bruit, tes cheveux brillent, tes bijoux s'entrechoquent, et Charon nous entendrait.

— Mes vêtements je les ôte, mes cheveux je les coupe, et mes bijoux je les lie dans mon mouchoir.

— Charon est malin, c'est un fieffé voleur, il connaît les pratiques des larrons, les roueries des femmes.

Et Charon, qui était malin, les rencontre sur la route. Il saisit la jeune femme par les cheveux et les garçons par la taille.

— Laisse mes cheveux, Charon, et prends-moi par la main, et si tu donnes du lait à mon enfant, je ne te réchapperai plus.

Sans doute le lecteur a-t-il été frappé de voir quelles transformations a subies dans ces textes la personne de Charon. Celui-ci ne semble pas très ancien dans la mythologie hellénique ; Eustathe a déjà fait observer qu'on ne l'y trouve qu'après Homère. A l'époque classique il apparaît fréquemment, il fait alors fonctions de nocher, il transporte les ombres au-delà du Styx et, dans les représentations figurées qu'on en a, il n'apparaît pas comme un personnage spécialement terrible.

On sait quel rôle il joue dans les dialogues de Lucien (ii° siècle ap. J.-C.). Pourtant on trouve, chez cet auteur, dans le traité intitulé Démonax, un passage indiquant que peut-être, dès cette époque, la croyance populaire donnait à Charon d'autres attributs :

Quelqu'un apercevant sur les jambes de Démonax des marques de vieillesse : Qu'est ceci, Démonax ? lui dit-il. — C'est, répond Démonax avec un sourire, c'est Charon qui m'a mordu.

D'autre part, le terrible Hadès d'Homère, Pluton, le mari de Perséphone, laisse au cours des siècles son caractère féroce et jusqu'à sa personnalité, si bien qu'au temps des Alexandrins l'expression ἐν Ἅδου « dans (sous-entendu la demeure) d'Hadès » est remplacée par ἐν Ἅδῃ « dans l'Hadès »,

Hadès devenant ainsi une simple indication topo-
graphique, comme c'est encore le cas aujourd'hui.
Quel sera le successeur de ce roi détrôné? Thana-
tos « la Mort » ? que nous voyons par exemple,
dans l'Alceste d'Euripide, rôdant auprès du tom-
beau pour s'y nourrir du gâteau mortuaire, et serré
par Hercule au point qu'il en abandonne Alceste?
Mais ce n'est là qu'une figure un peu vague, une
sorte d'émanation d'Hadès, et qui devient bien vite
une pure abstraction. Cette succession, c'est Cha-
ron qui la prend, et il l'a conservée jusqu'à nos
jours. Toutefois vers le xv⁰ siècle, le vieux nocher,
déjà méconnaissable, subit encore une autre trans-
formation. Sous l'influence de conceptions vrai-
semblablement occidentales, il devient cavalier
et chasseur. Les chansons populaires qui le mon-
trent sous ce nouvel aspect sont assez nombreuses
et suffisamment connues, pour que nous nous bor-
nions à ne rappeler ici qu'une des plus caracté-
ristiques :

Pourquoi les montagnes sont-elles noires et cou-
vertes de brume? Est-ce le vent qui les assaille? Est-
ce la pluie qui les bat?

Ce n'est ni le vent qui les assaille, ni la pluie qui
les bat, mais c'est Charon qui passe avec les morts.
Il entraîne les jeunes gens devant lui, les vieillards

derrière lui et les tendres petits enfants rangés à la
file le long de sa selle.

Les vieillards supplient, les garçons s'agenouillent
et les petits enfants lui disent en joignant les mains :

— Charon, passe par un village, fais halte près d'une
fraîche fontaine, que les vieux boivent de l'eau, que les
jeunes gens lancent des palets et que les tout petits
enfants cueillent des fleurs.

— Je ne passe pas par un village, ni près d'une
fraîche fontaine : les mères viendraient à l'eau et
reconnaîtraient leurs enfants, les couples aussi se
reconnaîtraient et on ne pourrait plus les séparer.

Ces croyances, que nous avons aperçues dans
l'antiquité, entrevues dans la littérature médiévale
et que nous retrouvons aujourd'hui encore chez
les gens du peuple en Grèce, que sont-elles, sinon
du paganisme aussi nettement caractérisé que pos-
sible ? Assurément aucun peuple au monde n'a
complètement éliminé les survivances de ce genre;
il est même douteux qu'on les élimine jamais;
mais ce qui peut-être donne un intérêt particulier
à celles qui viennent d'être examinées, c'est
qu'elles évoquent le nom d'Homère et qu'elles
restent en somme vivaces.

Il est curieux aussi de voir comment le paysan
grec peut être à la fois chrétien et payen. Il y a

là pour nous une contradiction. Quand on attire
sur elle l'attention des villageois, ils la résolvent
de cette façon : Charon est envoyé par Dieu.
Mais en fait, pour des esprits simples, le pro-
blème ne se pose pas. La κόλασις, l'enfer, avec ses
damnés et sa poix, c'est ce dont parle le prêtre ;
l'Hadès avec Charon, c'est ce dont il est question
dans la vie courante, la tradition ancestrale. Les
deux choses n'ont rien à voir l'une avec l'autre
et les rapprochements qu'on peut établir entre
elles ne sont qu'imaginations de lettrés.

CHAPITRE VI

LE SACRIFICE D'ABRAHAM

I

Le *Sacrifice d'Abraham*, mystère crétois. — Premier acte.

On a pu remarquer que tous les textes dont il a été question jusqu'ici présentent des difficultés de date, d'auteur, d'origine, qui en compliquent assez souvent l'étude. Le Sacrifice d'Abraham ne fait pas exception à cette règle (1). Legrand, chez nous, l'a publié d'après deux éditions vénitiennes, l'une de 1535, l'autre de 1555, dont il n'a malheureusement pas donné la description, contrairement à son habitude ; la première était, dit-il, incomplète du titre ; de sorte que nous ignorons s'il s'agit ou non d'une édition princeps ; cependant la langue et la versification de ce poème, l'une et l'autre déjà très assouplies, permettent de supposer que

(1) Legrand, *Bibliothèque grecque vulgaire*, tome I (Paris, 1880, in-8º), p. 226-268. Psichari, *Un mystère crétois du* xvɪᵉ *siècle* (*Revue de Paris*, du 15 avril 1903, p. 850-864). Theod. Bezae *Poemata*, 3ᵉ édit. (Genève, 1576, in-8º), p. 186-229.

la rédaction n'en est pas de beaucoup plus an-
cienne. De l'auteur nous ne savons rien ; seul le
dialecte employé par lui dénote avec certitude un
Crétois. Enfin, nous sommes, pour le moment,
dans l'impossibilité de dire si nous avons ou non
affaire à une œuvre originale : divers savants ont
pensé que ce pouvait être l'adaptation de quelque
poème italien, mais ce n'est là qu'une impres-
sion ; toutes les recherches dans ce sens sont res-
tées vaines jusqu'ici, de même que les tentatives
pour identifier littérairement les noms des quatre
domestiques qui jouent un rôle dans ce drame,
Anta, Tamar, Sympan et Sofer. Examinés à la
loupe, ces vers rimés, paraissent déceler çà et là
les traces d'un texte plus ancien, mais ces indica-
tions sont trop rares et trop peu sûres, pour qu'on
en puisse tirer de fermes conclusions.

« Le *Sacrifice d'Abraham*, a écrit Legrand, est
un véritable *mystère*, du genre de ceux que l'on
représentait par toute l'Europe au moyen âge. Les
mystères étaient connus à Constantinople comme
ailleurs. Luitprand, au x⁰ siècle, nous raconte
qu'il avait assisté, à Byzance, à la représentation
de l'*Enlèvement d'Élie au ciel* (1) ; et, au xv⁰ siè-

_____

(1) En réalité le texte de Luitprand est moins précis (*Liud-
prandi opera*, éd. Duemmler, Hanovre, 1877, in-8⁰, p. 149) :

cle, peu d'années avant la chute suprême de
l'empire grec, Bertrandon de la Brocquière vit
jouer le mystère des *Trois enfants dans la four-
naise*, en présence de l'empereur et de l'impéra-
trice ».

Tel est bien, en effet, le caractère de cette œuvre
crétoise. Il est très vraisemblable qu'elle aussi a
été représentée et il nous paraît en tout cas hors
de doute qu'elle a été écrite dans ce but. Elle est
tout entière en dialogue et, si l'on n'y trouve à
première vue que cinq courtes indications scéni-
ques (Abraham se lève de sa couche et s'age-
nouille pour prier. — Il dit à voix basse (deux fois).
— Il dit ceci à haute voix — Isaac s'agenouille
et prie), le texte, en fait, est suffisamment expli-
cite, pour qu'on puisse partager la pièce en deux
actes, l'un de 544, l'autre de 609 vers, suivre en
grande partie les mouvements des différents per-
sonnages, et rétablir, grâce à lui, l'essentiel de la
mise en scène.

« Decimotertio autem, quo die leves Graeci raptionem Heliae
prophetae ad caelos ludicis scenicis celebrant, me se adire pre-
cepit. Le treizième jour [avant les calendes d'août, c'est-à-dire
le 20 juillet, fête de saint Hélie], jour où les Grecs légers célè-
brent par des jeux scéniques l'enlèvement du prophète Élie au
ciel, l'empereur me manda vers lui. »

La pièce débute par une apparition de l'ange :

Éveille-toi, Abraham, éveille-toi, Abraham, et lève-
toi. Écoute l'ordre que je t'apporte du ciel. Réveille-
toi, serviteur de Dieu ; réveille-toi, homme fidèle.
L'heure n'est plus de dormir sans souci. Éveille-toi et
écoute, Abraham, ce que veut le Maître qu'adorent et
craignent les anges.

Le messager céleste annonce à Abraham ce que
le Tout-puissant attend de son obéissance et
Abraham alors s'éveille. « Oh ! une terreur me
possède, un grand vertige me prend, je ne sais si
je dors ou si je veille. » Est-il possible qu'il lui
faille tuer son enfant ? telle est la première pensée
qui lui vient. Ensuite il songe que cet enfant a
été une bénédiction du Créateur. Sara était
vieille et impuissante, c'est par la volonté divine
que la loi de nature fut transgressée. Comment
un tel bonheur peut-il devenir tourment et malé-
diction ? Pour quelle raison Dieu change-t-il sa
bonté en courroux ? Si c'est en punition de quelque
faute, qu'il lui envoie à lui pauvreté, maladie et
besoin, mais qu'il éloigne de son enfant un pareil
sacrifice ; qu'il prenne le père et épargne le fils.
« Pauvre maison d'Abraham, qui t'a ainsi mau-
dite ? Quelle obscurité, quel orage, quelle tour-

mente t'enveloppent?» Et en troisième lieu, Abra-
ham songe à sa femme, qui dort, dit-il, sans se
douter de ce qui les assaille.

Éloignons-nous d'ici, de peur qu'elle ne s'en rende
compte, ne prenne une pierre, ne s'en frappe et ne se
donne la male mort. Allons prier le Seigneur notre
maître, qui connaît le tréfond des cœurs.

(Abraham se lève de sa couche et s'agenouille pour prier.)

Seigneur, puisque l'avis que l'ange vient de m'ap-
porter ne comporte pas de changement, puisque la
demande que tu m'as faite n'a plus de ravisement (1),
écoute-moi en toute pitié. Prends Isaac, prive-moi de
lui, mais n'oblige pas son père à lui donner la mort.
La mort est une chose charnelle, toujours nous la
portons en nous, nous ne pouvons en aucune façon y
échapper; du moins, ô mon Créateur, toi qui en es
le maître, ne commande pas à un pauvre père d'égor-
ger férocement son enfant. J'ai péché, je t'ai souvent
offensé, je sais quel mal j'ai fait, mais ta compassion
l'emporte sur mes fautes. Et, s'il ne se peut pas que
ceci soit remis, donne-moi assez de courage, assez de
fermeté d'âme, pour ne plus voir un fils dans Isaac,
car j'ai une chair qui souffre, un cœur qui palpite.
Mon Dieu, puisque telle est ta volonté, mets en moi
la force de pouvoir aujourd'hui l'impossible : le voir

(1) C'est-à-dire « est inéluctable ».

se consumer sans verser une larme, de façon à t'offrir dans sa plénitude le sacrifice que tu désires.

Il faudrait ne citer ici que le texte grec. Les vers en sont coulants, harmonieux ; la langue en est limpide et forte, avec un délicieux petit goût de terroir. Le jour où la question linguistique en Grèce aura perdu de son acuité et où l'on sortira les œuvres de ce genre de l'injuste oubli où elles sont tombées, des passages comme celui-ci deviendront sans doute classiques.

Mais, indépendamment de la versification et du style, on sent ici un auteur remarquablement maître de son sujet. Sur les 94 vers dont nous venons de faire l'analyse, 29 sont consacrés à l'apparition de l'ange — prologue à la manière antique, qui était aussi devenue la manière italienne. Dans les 65 autres, l'auteur a nettement posé ce sujet : Abraham sera le principal personnage de la pièce ; il ne s'insurgera pas contre l'ordre divin, mais nous assisterons à la lutte du père et du croyant, du sentiment et du devoir. Le ressort de ce drame est tout à fait cornélien.

Jouée par un bon acteur, cette première scène pouvait être d'un assez bel effet. Abraham dort, pendant que l'ange lui parle. Il s'éveille, les idées un peu troubles, en se demandant s'il n'est pas le jouet d'un rêve, puis il prend conscience de ce qui s'est passé, mais lentement, en songeant à son fils, à Sara et à lui-même, à sa maison ; enfin il se lève, il comprend qu'il est en face de l'irrévocable, de quelque chose de surhumain, — une seconde apparition de l'ange viendra plus loin réparer ce que la première a eu d'un peu rapide, — et alors toute sa pensée s'élève en prière vers le Créateur, auquel il ne demande plus que la force d'accomplir. sans faiblesse le sanglant sacrifice.

Après un tel début, l'action risquait de se ralentir. Mais voici que Sara s'éveille à son tour et commence à parler.

Abraham, Abraham, quelles paroles prononces-tu? rêves-tu ou es-tu éveillé? Approche, dis-moi ce qui te pèse. Qui te parle? à qui parles-tu? d'où sort la voix que j'entends?

C'est en vain que son mari veut lui donner le change et lui dit qu'il fait sa prière :

Ce n'est pas l'heure de la prière. Quelles sont les paroles que tu dis? Ta voix indique clairement que tu pleures. Je sens que ta bouche est sèche, et trouble ton regard, ton va et vient me montre que tu es dans

la peine. Ce n'est plus le moment de rester couchée,
je vais venir et tu me diras ce qui t'afflige. Ce n'est
plus l'heure du repos, ce n'est plus l'heure du lit ; tu
as un chagrin, Abraham, un amer chagrin à la
bouche.

Sara s'approche, elle regarde son mari dans les
yeux, ses doutes s'affermissent et elle insiste
pour qu'il lui confie son secret :

Adoucis-toi à mes paroles, laisse-là ta grande
rigueur, donne à ta langue consentement de me le
faire connaître. Ma chair est ta chair et mon cœur ton
cœur, miennes sont tes souffrances et les peines de
ton âme.

Comment Abraham lui apprendra-t-il la fatale
nouvelle ? Sara, devant les hésitations de son
époux, devine qu'il s'agit d'Isaac. Quand enfin elle
connaît la vérité, elle éclate en un mirologue,
dont la violence fait contraste avec la douleur
mesurée d'Abraham :

Hélas, nouvelle ! hélas, cris ! hélas, angoisse de
cœur ! hélas, feu qui m'a consumée ! hélas, terreur
du corps ! hélas, couteaux et sabres qui m'ont percé
le cœur et ont fait cent plaies dans mes entrailles !

C'est exactement le style, l'allure du mirologue ; plus loin Abraham se servira lui-même de ce mot en parlant des lamentations de Sara. Sans doute ces paroles étaient-elles, à la représentation, dites sur un de ces airs funèbres qui sont d'un si puissant effet. La tirade, dont la suite est moins bonne, se termine par l'évanouissement de Sara. Ses deux servantes, Anta et Tamar, attirées par les cris, la portent sur son lit.

Divers détails, sur lesquels nous n'insisterons pas ici, permettent de croire que la scène représentait deux chambres contiguës, également visibles du public (1). Si, pour la suite de ce premier acte, le passage des acteurs d'une pièce à l'autre est facile à saisir, il n'en est pas de même pour

(1) Voy. notamment vers 279-284, 287, 303-306, 316-317, 323, 514. Vers 1-200, les scènes se passent dans la chambre 1. V. 201-263, Abraham est dans la chambre 2, où l'ange lui apparaît une seconde fois ; il y appelle ses domestiques. V. 264, les domestiques s'éloignent et Abraham (265-284) reste seul dans 2. V. 285-296, Anta et Tamar parlent dans 1. Tamar (297-298) passe dans 2, pour avertir Abraham que Sara a repris ses sens, puis revient dans 1. V. 299-306, Abraham reste dans 2. V. 307-320, Tamar et Sara conversent dans 1. V. 321-470, Abraham passe dans 1 ; scène entre Abraham et Sara, puis les mêmes et Isaac. V. 471-522, pendant qu'Abraham et Isaac sont dans 1, Sara reste à proximité, dans 2. V. 523-524, Abraham s'éloigne et (525-544) Sara se retrouve avec Isaac, probablement dans 2.

ce qui précède. Deux hypothèses sont possibles :
ou bien tout s'est passé jusqu'ici dans l'une des
deux pièces, qui est la chambre où dorment
Abraham et Sara et où repose également Isaac,
dont le sommeil d'enfant n'est pas troublé par ces
voix et ces cris ; ou bien une partie de ce qui
précède a eu pour scène la seconde pièce.

Toujours est-il qu'au moment où nous sommes
c'est dans celle-ci que se trouve Abraham.

Hélas, infortuné, hélas, malheureux, misérable
vieillard et père plein d'amertume ! Revers sur revers,
chagrins sur chagrins ; à mes premiers tourments
viennent s'en ajouter d'autres ! Il a été décidé qu'Isaac
mourrait et maintenant Abraham va perdre en plus
sa femme. Je le prévoyais et je me disais : « Quand
je le lui apprendrai, c'en sera fait d'elle. » Que
n'ai-je les yeux fermés, les oreilles assourdies et de
fer mon cœur, dans la lutte où je suis, pour ne pas
voir ce qui se passe, ne rien entendre de ces souf-
frances, contenter le Seigneur et faire ce que je dois,
mais la chair aussi a sa part et réclame son dû.

Vers des plus expressifs et qui pourraient servir
d'épigraphe à ce drame.

Une seconde fois, l'ange apparaît au patriarche,
afin d'affermir sa résolution encore un peu chan-
celante. Abraham appelle ses serviteurs, qui

s'étonnent de le voir éveillé et vêtu, deux heures
avant le lever du jour; il leur ordonne de prendre
du bois pour un sacrifice et d'en charger une bête
de somme. Ceux-ci proposent d'aller de l'avant et
de choisir dans le troupeau la brebis qu'on im-
molera comme d'habitude. Abraham répond que
ce soin lui incombe, qu'il sait où se trouve la
victime et, quand les domestiques se sont éloignés,
il cherche son couteau et de quoi faire du feu.

Cependant, dans la pièce voisine, Sara est
revenue de son évanouissement et sa première
pensée est pour son enfant. Où peut-il être
maintenant, le chérubin? Sur quelle route
marche-t-il? Lumière de ses yeux, qui le lui a
ravi ? Ses servantes la rassurent : Isaac est
toujours là, il dort sans le moindre souci et
Abraham s'entretient dans la maison avec ses
domestiques. Elle essaie de se lever, le vertige la
reprend; Abraham alors survient. Le poète va
maintenant mettre nettement en contraste le
mari et la femme, la résolution douloureuse, mais
ferme, de l'un, et les hésitations, la sensibilité de
l'autre.

Ma femme aimée, ne sois pas comme un enfant; ce
qui nous arrive, c'est notre Maître qui le veut. Appro-
che, assieds-toi près de moi et ne te lamente pas ; les

larmes et les plaintes ne te servent à rien. L'enfant que nous avons mis au monde n'est pas à nous; le Créateur nous l'a donné, il va nous le reprendre. Tes pleurs et tes gémissements me plongent dans les tourments sans aucun profit pour toi. Ce n'est pas le temps des pleurs, Sara ma fille, c'est le temps de la consolation, le jour de la patience.

A cela Sara ne répond même pas. Elle a plus haut, en quelques vers, prié ce Créateur de laisser vivre leur enfant, maintenant elle ne songe plus à Dieu, elle est bien près de s'irriter contre le manque de cœur de son mari, elle est toute à cet enfant.

Enfant d'obéissance, où vas-tu te diriger? Vers quel pays t'invite-t-on à voyager, et quand devront t'attendre ton père et ta mère? quelle semaine, en quelle saison, quel mois et quel jour? Les feuilles de mon cœur (1) pourront-elles ne pas frémir, quand j'entendrai ton nom donné à un autre enfant? Mon fils, comment supporterai-je ton absence? comment pourrai-je entendre la voix d'un autre, à la place de la tienne? Est-ce parce que tu devais me quitter, que tu étais le plus sage de tous les enfants? Je te promets, mon fils, que durant le temps qui me reste encore à

(1) Expression courante en grec, là où nous disons « le fond du cœur ».

vivre, je ne laisserai aucun d'eux me parler ; mes
yeux seront sans cesse fixés au sol, toujours je son-
gerai au message d'aujourd'hui.

Abraham l'interrompt : elle va faire de lui un
mauvais serviteur, les paroles qu'elle prononce ne
sont pas agréables à Dieu. Mais elle ne l'entend pas.

Je t'ai porté neuf mois, ô mon enfant mignon, dans
ce corps triste et misérable; trois ans je t'ai donné
mon lait, et tu étais mes yeux et tu étais ma lumière.
Je te regardais grandir, comme un jeune arbrisseau ;
tu croissais en vertu, en raison et en grâce. Et main-
tenant, dis-moi, quelle joie me donneras-tu? Comme
un tonnerre, comme un éclair, tu vas te perdre, t'é-
vanouir. Me sera-t-il possible de vivre désormais sans
toi ? quel courage, quelle rosée aurai-je dans mes
vieux ans ? Grande fut notre joie à tous deux, quand
Dieu nous annonça que nous te mettrions au monde.
Infortunée maison d'Abraham, que de joies tu as
eues alors ! Comment en un seul jour les joies se sont-
elles changées en peines? Pourquoi le bonheur s'est-il
dispersé, comme un nuage dans l'air ?

Sur une nouvelle exhortation d'Abraham, il
semble qu'elle va se résigner à l'inévitable :

Va t'en, mon bon mari, puisque c'est la volonté de
Dieu ; va, et que votre route soit lait, rosées et miel ;

va, que Dieu te prenne en pitié, t'exauce, et qu'une
douce parole te soit dite sur la montagne. Mettons
que je ne l'ai pas enfanté, que jamais je ne l'ai vu,
que je tenais une bougie allumée, qui vient de
s'éteindre dans ma main.

Elle va vers Isaac, pour l'éveiller et l'habiller,
mais la vue de l'enfant ravive toute sa douleur :

Voici la lumière que je contemplais, voici ma
douce existence, les yeux que le Créateur n'a pas
voulu me laisser, voici la bougie allumée que tu te
proposes d'éteindre, le corps auquel tu cherches à
donner la male mort. Comme un agnelet il est couché,
comme un oiseau il dort, et il se plaint de la cruauté
de son père. Tu vois, le doux petit, le pauvre enfant :
il est ici plus pâli que jamais ; regarde son affaisse-
ment, regarde sa figure ; on dirait qu'il entend, et
voit son égorgement. Mon petit enfant, est-ce parce
que tu fais un mauvais rêve que tu gis ainsi courbé
et gémissant? Hier, je t'ai couché tout joyeux, mon
bon fils, je me sentais plus contente que jamais,
j'étais là, je regardais le sommeil te gagner, je me
repaissais et me réjouissais de ta vue. Tu t'es endormi
en jouant avec moi, j'étais la plus heureuse des
femmes. Pour quelle raison maintenant veux-tu me
laisser, aveugle et assombrie, en proie à la peine et
au tourment?...

— Éveille-toi, enfant mignon, enfant choyé, pour te rendre au divertissement auquel on te convie. Pré-pare-toi, mets tes habits de fête, tes habits de départ, et suis celui qui est ton Charon, bien plutôt que ton père. Enfant de mes volontés, à qui je donne ma béné-diction, ta mort me mène au terme de ma vie : la bénédiction de mes bénédictions, mon enfant, sur ton chemin ; qu'elle soit devant tòi et derrière toi et sous tes pas.

—Arrête, ne pleure plus, ne parle plus, Sara, je t'en prie. Va, éloigne-toi d'ici, laisse-nous la place. N'éveille pas l'enfant avec d'amères paroles, mais fais-toi un cœur de fer et cesse les mirologues.

— Je me tais, laisse-moi, Abraham ; c'est moi qui l'éveillerai, qui le parerai, le pauvre, et joliment l'habillerai. On l'invite aujourd'hui pour un mariage dans l'Hadès ; laisse, qu'il soit bien arrangé, qu'on ne trouve en lui rien à redire.

L'Hadès ! Abraham ne prononcera pas une seule fois ce nom-là. Si l'auteur, qui est trop bon écrivain pour pouvoir être taxé en cela d'inad-vertance, n'hésite pas à le mettre dans la bouche de Sara, c'est précisément parce qu'il voit en elle la mère plus que la croyante et qu'il veut ainsi la rapprocher davantage encore des spectateurs. De nouveau les larmes et les sanglots la prennent. Abraham sent que jamais elle n'aura

la force de se contenir en présence d'Isaac, il
insiste, il ordonne ; Sara s'éloigne, mais de bien
peu ; elle se cache, probablement dans la chambre
voisine ; sans doute elle avance la tête ; elle voit
et entend ce qui se passe ; tout à l'heure même,
Abraham, en conversant avec Isaac, lui adressera
encore la parole.

Il fait à peine jour. Lorsqu'Abraham éveille
l'enfant, celui-ci se plaint : le sommeil est si
doux, ce n'est pas encore l'heure d'aller à l'école.
Quand il est tout à fait éveillé, il s'étonne que
ce soit son père qui l'habille.

Pour quel motif ma mère n'est-elle pas venue me
vêtir ? Toi, tu ne l'as jamais fait, les jeunes garçons
t'ennuient ; c'était ma mère qui le faisait, avec des
éclats de rire. Pourquoi m'a-t-elle laissé et pourquoi
l'ai-je vue entrer, le cœur en peine, dans l'autre
chambre ?

— Elle nous prépare le manger qu'elle nous don-
nera, car nous prendrons pour notre route, du pain,
du vin et des vivres.

— Et dis-moi, père, où comptes-tu que nous irons ?
Nous ne reviendrons pas assez tôt pour manger à la
maison ?

— Nous ferons un sacrifice, et c'est un peu loin, en
un joli endroit, sur une haute montagne. Ta mère

est ennuyée, parce que je lui ai dit de ne pas nous attendre, car nous passerons la nuit.

— Va devant, père, je vais te suivre, mais je veux voir ma mère avant de me mettre en route.

Sara a entendu ces mots, elle apparaît immédiatement et Abraham fait mine de s'éloigner. Ici se place un jeu de scène, qui n'est pas indiqué, mais qu'on devine : Abraham, en passant dans la chambre voisine, fait un signe à sa femme, pour lui recommander le secret. Et alors, en 24 vers, se trouve traitée la scène la plus délicate de toute la pièce. L'éveil de son enfant a agi d'une certaine façon sur le cœur de Sara. Pour l'amour de lui elle essaiera de se dominer, elle y parviendra même pendant un instant très court, un sourire se mêlera à ses larmes.

Mon enfant, mon mignon, mon courage et mon espérance, ma consolation et ma vie, pars avec ma bénédiction.

— Mère, tes nombreux baisers me mettent en grand souci, de tes yeux coulent deux ruisseaux de larmes. Quel chagrin subit t'est venu, pour te faire pleurer sans répit ? Pourquoi me touches-tu des pieds à la tête ?

— Je n'ai rien, mon fils ; ne t'inquiète pas, je t'en prie, et va joyeusement prier sur la montagne.

— Maman, de cette fête je te rapporterai des pommes et des branchettes d'arbres aux feuilles odorantes. S'il s'y trouve autre chose de joli, je te le rapporterai aussi, et si le maître d'école me demande, dis-lui que je reviendrai demain.

— Ces poires on me les a données d'hier et je les gardais exprès pour toi, mon enfant. Mets-les dans ton sein, tu les mangeras quand tu auras soif. Elles sont douces comme miel, tiens, goûte-les.

— Maman, pourquoi continues-tu à sangloter? A quel malheur songes-tu pour moi? que prévois-tu? Voilà qui me semble étrange, j'entre en un grand souci. Vais-je monter sur la montagne et ne pas en descendre?

C'est sur cette phrase que se termine le premier acte. Sara a disparu, après avoir donné les fruits à Isaac.

II

DEUXIÈME ACTE

A l'acte II, la pièce reprend sur ces mots d'Abraham :

Mon enfant, partons sans délai ; c'est aujourd'hui

que nous allons trouver les belles et jolies choses.
Ta mère est triste, c'est pour cela qu'elle n'est pas là,
notre départ lui cause du chagrin. Anta, Tamar,
fermez la porte et allez près de votre maîtresse, qui
a maintenant plus besoin que jamais de votre com-
pagnie. Qu'elle ne reste pas seule, tenez vous auprès
d'elle, car elle a une pensée qui la tourmente beau-
coup.

Nous sommes donc censés à très petite distance
de la maison du patriarche. Il est toujours de
très bonne heure ; le soleil n'est pas encore levé.
Un changement de décor a eu lieu. La scène
représente, d'un côté, un sentier, sans doute avec
des rochers qui dérobent de temps à autre les
voyageurs aux regards du public, de manière à
rendre leur longue marche plus vraisemblable,
derrière lesquels aussi les acteurs peuvent dis-
paraître, lorsque l'action l'exige, et, de l'autre,
la montagne sur laquelle doit se faire le sacrifice.

Abraham et Isaac vont de l'avant, en causant.
Un peu en arrière viennent les deux serviteurs,
Sympan et Sofer. Celui-ci est inquiet de ce qui
va se passer, car il a remarqué la pâleur de son
maître, il a entendu Sara se parler à elle-même,
il invite Sofer à presser le pas, afin de ques-
tionner Abraham.

Mais Isaac est là, il importe de l'écarter, pour la vraisemblance de la scène. Abraham demande à son fils s'il n'est pas fatigué, s'il ne veut pas dormir un peu, au pied d'un arbre et Isaac déclare en effet : « Oh ! je suis bien las de ces *quelques* pas, couchons-nous et dormons sur les vêtements qu'on vient de m'étendre ».

Alors Abraham ouvre son cœur à ses deux domestiques. Il leur expose en quelques vers quel est l'ordre divin et comment il ne peut s'y soustraire. « Voilà, dit Sympan, quelque chose de bien extraordinaire. C'est la première fois que pareil fait se produira et le monde va te juger bien sévèrement ». Sofer, lui, voit les choses du même point de vue, mais un peu moins simplement. Il cherche à convaincre Abraham que ce n'était là qu'un mauvais rêve. Est-il possible que la justice du Créateur puisse exiger l'accomplissement d'un acte si manifestement injuste ? Dieu ne lui a-t-il pas promis que la descendance d'Isaac serait aussi nombreuse que les étoiles et que pour lui les nuages n'auraient que des rosées ? Qu'il prenne garde, il n'est pas loin de la mort, c'est une lourde responsabilité qu'il va prendre. S'il persiste dans ce projet, il en aura un mauvais renom, il plongera Sara dans la détresse et elle lui en gardera toujours rancune. Il n'est que temps pour lui de changer de chemin.

Mais à mesure qu'Abraham approche du but, sa résolution s'affermit. Il sait que ce n'est pas un rêve, c'est bien un message divin, il glorifie Dieu de l'avoir choisi entre tous pour ce suprême sacrifice. Si la chair souffre, qu'elle prenne son mal en patience, l'esprit l'a décidé et il est meilleur juge.

Abraham réveille alors Isaac et, pendant que les deux serviteurs attendent sur place, lui et son fils passent dans l'autre partie de la scène et gravissent la montagne. Isaac, il est vrai, dit à ce moment-là : « Voilà trois jours que nous fatignons, trois jours que nous marchons, il est temps de nous arrêter et de nous reposer », mais ce n'est là, croyons-nous, qu'une indication biblique et toute conventionnelle ici ; peut-être coïncidait-elle avec un léger arrêt dans l'action ; elle n'implique aucun changement de décor.

Isaac prépare la table du sacrifice pendant que son père est en prières :

— Viens, cher père, voir si la table te plaît; il ne lui manque plus que l'agneau que nous devons y étendre. Dépêche-toi, que nous finissions aujourd'hui, car je brûle d'envie de retourner près de ma mère.

— Fils, souffle de mon existence, jamais plus tu ne
reviendras, c'est la dernière fois que tu auras vu ta
mère et ton pauvre père.... Mon enfant, rends grâces
à Dieu, quoi qu'il t'arrive; l'heure est venue pour toi
de connaître le secret que tu désires savoir. Donne_
moi tes mains, que tendrement je les baise, que je
les entoure d'une corde et les regarde une dernière
fois. L'instant est venu où il faut que je te perde;
c'est toi qui es le bon agneau que je dois sacrifier...

— Mon père, c'est un exemple terrible que tu vas
donner au monde, si tu n'arrêtes pas le cours de ta
colère. Tu n'as donc pas pitié de l'enfant que tu as
élevé et choyé? Ne vois-tu pas comme il est penché
et courbé devant toi? Était-ce là la fête, était-ce là
le jardin que tu me promettais ces jours-ci? Ces yeux
que tu vois ruisselants de pleurs, ce jeune corps qui
tremble comme la feuille, sont-ils donc impuissants
à te fléchir, à te prouver que je suis ton enfant, à
changer tes desseins? Où sont les étroits embrasse-
ments, mon père? ils ont passé? L'éducation affec-
tueuse est-elle oubliée?... Est-ce que ma mère le sait?
est-ce avec son consentement? Comment se fait-il
qu'elle ne m'ait pas caché dans les feuilles de son
cœur?

Isaac se rappelle les détails du départ, il com-
prend maintenant combien a été déchirante pour
sa mère la scène de la séparation. Enfin il ac-

cepte, lui aussi, l'inévitable, avec son âme enfantine, et son plus vif désir est de sentir en mourant un peu d'affection encore.

Mon père, puisqu'il n'y a plus ni remise, ni pitié, et puisqu'ainsi l'a décidé celui qui juge, je ne te demande qu'une grâce en m'en allant : Aie soin de ne pas me trancher cruellement la gorge, mais saigne-moi en me caressant, en me choyant et tout doucement; vois mes larmes, écoute mes prières, regardons-nous l'un l'autre, afin que je voie si tu frémis et si le pauvre Isaac est toujours ton enfant.

Isaac accepte cette mort, mais il voudrait que son corps ne fût pas ensuite réduit en cendres. Il songe à la peine que cette idée de brûlure causera à sa mère :

Mon égorgement elle le supportera, mais la morsure du feu sera mortelle pour elle. Ma mère, si du moins tu apparaissais, que tu me visses lié, que je pusse te crier : « Je meurs ! », te demander pardon, prendre congé de toi, étroitement te serrer, tendrement t'embrasser ! Mère, tu ne viendras plus près de mon lit m'habiller, m'éveiller gentiment avec de douces caresses. Je te fuis, tu me perds, comme la neige quand elle fond, comme une bougie qu'on tient dans la main et que le vent éteint. Que celui dont c'est la

volonté soit ta consolation et qu'il fasse de ton cœur
une pierre de patience (1). Père, si parfois je t'ai
offensé, comme un petit garçon, pardonne à Isaac qui
va partir, embrasse-moi du fond du cœur, donne-
moi ta bénédiction et dis-toi qu'il y eut un jour où
j'étais ton enfant. Ta main aura-t-elle la force de me
couper la gorge ? pourras-tu supporter mon absence ?
Accorde-moi la dernière grâce que je t'ai demandée ;
cède, cette fois du moins, à ma prière : laisse-moi te
regarder en face, tire le couteau et approche-le tout
près, que je puisse te baiser la main. Père, ne serre
pas la corde, laisse-la un peu lâche, ne me force pas
et laisse-moi me soulever un peu. Pour que tu te
rappelles ce que je vais te dire, je te donne un doux
baiser. Aujourd'hui je remets ma mère entre tes
mains, parle-lui, console-la, restez toujours ensemble
et dis-lui que c'est tout joyeux que je descends dans
l'Hadès. Ce qui se trouve de moi à la maison, donne-
le à Éliséec, notre petit voisin : mes vêtements, mes
papiers, écrits et non écrits, et le petit coffret où je
les gardais; c'est mon compagnon d'âge et de jeux,
j'ai trouvé en lui à l'école un ami bon et affectueux.
Et tâche d'avoir la force, tâche d'avoir le courage de
mettre Éliséec aux lieu et place de ton enfant. Je n'ai
rien d'autre à te dire ni à te recommander, si ce n'est

---

(1) La *pierre de patience* est une tradition qu'on retrouve
dans certains contes populaires grecs.

que je salue une dernière fois parents et amis. Père,
toi qui m'as engendré, comment n'as-tu pas pitié de
moi ? Seigneur, viens à mon aide ! Ma mère, où donc
es-tu ?

— Tes cris, ô mon enfant, me mettent la mort dans
l'âme. Sois résigné et refoule ta peine. Baisse les yeux,
regarde à terre et exécutons la volonté de notre Sau-
veur et Maître. Penche un peu la tête, mon bon fils ;
ne me regarde pas, car cela te fatigue. Le voici, mon
Dieu, le sacrifice !

Au moment même où Abraham lève le bras,
l'ange apparaît, suivant la tradition, et retient le
couteau homicide.

Dès qu'on a immolé le bélier, Isaac songe de
nouveau à sa mère et presse son père de partir,
afin qu'elle ait au plus vite la bonne nouvelle.

Ici se place un jeu de scène. Sympan et Sofer,
impatients, transgressant l'ordre de leur maître,
se dirigent vers la montagne, c'est-à-dire passent
à droite, s'ils étaient à gauche, par l'arrière de la
scène, et à ce moment-là, à la place qu'ils vien-
nent de quitter apparaît Anta. Sara la suit de loin,
avec Tamar, et, sans longueurs, mais sans trop
de brièveté non plus, la scène finale se déroule
avec un parfait naturel. Sympan accourt, parle
d'abord avec Anta, attire par ses cris l'attention

de Sara et de Tamar ; Sara prête l'oreille, elle
n'entend pas très bien, c'est Tamar qui la pre-
mière lui met la joie au cœur par la formule
expressive et pittoresque, moitié souhait, moitié
compliment, qu'on dit à ceux chez qui arrivent
soit des nouvelles d'une personne chère, soit cette
personne elle-même : Κυρά, καλῶς τὸ δέχτηκες (1).
Aussitôt après, Sympan en personne vient deman-
der les συγχαρίκια (2) et enfin Isaac se jette dans
les bras de sa mère.

L'auteur, fort habilement, s'est gardé d'insister
sur la joie de Sara. Elle a manifesté son émotion
en quelques vers, avant qu'Isaac reparût ; lorsqu'il
est près d'elle, elle se borne à dire : « Mon fils,
viens que je te presse sur mon cœur et t'embrasse
tendrement ; et maintenant je vais remercier le
Seigneur qui t'a sauvé ».

La pièce se termine par une action de grâces
qu'Abraham adresse au Tout-Puissant.

_____

(1) Littéralement « Maîtresse, tu l'as bien reçu ». On dit
aujourd'hui καλῶς τὰ δέχτηκες ou καλῶς τὰ δεχτήκατε. C'est quel-
que chose comme « heureuse réception ».

(2) Voir page 24.

III

■ Comparaison avec la *Tragédie françoise du Sacrifice d'A-braham* de Théodore de Bèze. Conclusion.

Nous nous sommes efforcé dans ce qui précède de donner de cette pièce, pour les personnes qui ne peuvent la lire dans l'original, une idée aussi exacte que possible. Elle est remarquable par son style, qu'il est malheureusement difficile de faire passer dans une traduction. Elle l'est plus encore par son sujet. Ce mystère est avant tout une œuvre psychologique. Le merveilleux s'y trouve réduit à sa plus simple expression. Un auteur moderne, traitant la même donnée, n'eût pu y en introduire moins. Les sentiments d'Abraham, de Sara, d'Isaac, voilà en somme toute la pièce. Nous avons plus haut fait une allusion à Corneille ; peut-être une comparaison avec Andromaque et Iphigénie ne serait-elle pas non plus déplacée. Et quel avantage donne à notre Crétois le rapprochement des dates ! Nous sommes, on ne l'oublie pas, au commencement du XVIᵉ siècle.

Il est cependant, à ce propos, un point sur lequel nous devons attirer l'attention. M. Xanthoudidis, le savant éditeur du poème d'Érotokritos dont il sera question plus loin, frappé de l'étroite parenté linguistique qui unit le Sacrifice d'Abraham et l'Érotokritos, dont il place la composition — à tort, suivant nous — assez avant dans le xvii⁰ siècle, et s'appuyant aussi sur l'existence d'un manuscrit du Sacrifice d'Abraham daté de 1635, se demande si la date de 1535, donnée comme celle de la première édition connue, n'est pas le résultat d'une erreur et s'il n'y aurait pas lieu de reporter cette édition, elle aussi, à l'année 1635. La plus ancienne édition dont nous ayons la description est, il est vrai, celle de 1668 ; encore Legrand ne l'a-t-il pas fait figurer dans sa *Bibliographie hellénique*, sans doute parce qu'il ne l'a jamais eue sous les yeux ; de sorte que la question se trouve en effet enveloppée de quelque obscurité. Pourtant la date de 1535 reste, à notre avis, très vraisemblable. Elle est donnée en double, en lettres grecques et en chiffres arabes, dans la souscription qu'a reproduite Legrand, ce qui exclut l'hypothèse d'une faute d'impression. De plus, ce dernier cite, dans sa *Bibliothèque grecque vulgaire*, les variantes d'une édition de 1555, sur laquelle malheureusement, pour une raison que nous ignorons, il ne s'est pas non plus expliqué. Il y a donc tout lieu de croire qu'un jour ou l'autre la découverte d'un exemplaire, soit de 1535, soit de 1555, viendra transformer en certitude ce qui est déjà aujourd'hui une grande probabilité (1).

Quelle était, vers cette époque, la situation du théâtre en France ? En 1550, Théodore de Bèze, qui venait de quitter son pays pour se réfugier en Suisse, faisait représenter à Lausanne une tragédie de même titre, qu'on s'accorde à regarder comme marquant une date dans l'histoire de notre littérature dramatique. C'est, à l'avis de M. Faguet, « peut-être la première tragédie française où il y ait trace de vrai talent » (2), et un autre critique, se basant en partie sur ce jugement et sur l'étude qui le justifie, a écrit : « Les principaux progrès à faire, étaient donc de donner du corps au sujet, de la rapidité à l'action, et surtout de mettre les péripéties sur la scène et dans le cœur

---

(1) Rien dans l'édition de 1668 ne permet de croire qu'elle soit la deuxième en date. Nous ne pensons pas non plus que son titre (*Le Sacrifice d'Abraham, histoire très édifiante tirée de l'Écriture sainte, anciennement écrite en vers simples, maintenant réimprimée et diligemment corrigée à l'usage des personnes pieuses*) soit un argument en faveur de l'existence d'une version plus ancienne non rimée. L'expression *en vers simples* peut fort bien signifier des vers en grec vulgaire, comme le sont en effet ceux de la version que nous possédons.

(2) Faguet, *La tragédie française au* XVIᵉ *siècle*, 2ᵒ édit. (Paris, 1912, in-8ᵒ), pag. 102-111.

des personnages, ce qui ne se pouvait obtenir que
par la peinture des caractères. Les premiers qui y
réussirent furent les auteurs de tragédies sacrées,
et l'on a pu dire, par exemple, que le fondateur
de la tragédie psychologique en France était Théo-
dore de Bèze. En effet, dans son *Abraham sacri-
fiant*, le théâtre de l'action est l'âme même du
patriarche se débattant entre ses sentiments de
père et l'ordre du ciel » (1).

Ce sont là précisément les qualités que nous
avons eu l'occasion de relever dans le mystère
crétois et il n'est pas sans intérêt de comparer
brièvement ces deux œuvres.

Le but en est sensiblement différent : d'une part
un auteur récemment converti au protestantisme,
qui regrette d'avoir donné dans la littérature pro-
fane et se propose maintenant de *louer Dieu en
toutes formes à lui possibles ;* de l'autre, un Grec,
de pensée religieuse également, mais pour qui la
religion paraît bien avoir été ici moins une fin
qu'un moyen. Différente aussi est l'action, moins
bien menée, plus coupée dans la tragédie fran-
çaise : un prologue de l'auteur à ses auditeurs,
des cantiques, des chœurs et des demi-chœurs

(1) Lintilhac, *Précis historique et critique de la littérature
française* (Paris, 1894, in-8°), tome I, page 218.

de bergers (de Bèze dit des troupes et des demi-troupes), l'idée bien arrêtée de mêler du comique au tragique, Satan, sous un habit de moine. Chez de Bèze, aucun souci de la couleur locale, que l'auteur crétois, en partie sans doute grâce à son origine, a au contraire rendue fort heureusement. Un point de contact en ce qui concerne le style : les deux poètes se servent d'une langue simple ; de Bèze n'a pas voulu « user de termes ni de manières de parler trop eslongues du commun », et si, dans notre texte, l'emploi du grec vulgaire n'est pas tout à fait une nouveauté, c'est du moins ici la première fois que cet idiome se présente à nous sous une forme aussi parfaite.

Voici de quelle froide façon Abraham accueille, dans la tragédie française, le terrible message que l'ange vient de lui transmettre :

> Brusler! brusler! je le feray.
> Mais mon Dieu, si ceste nouvelle
> Me semble fascheuse et nouvelle,
> Seigneur, me pardonneras-tu ?
> Helas, donne-moy la vertu
> D'accomplir ce commandement.
> Hà bien cognoy je ouvertement
> Qu'envers moy tu es courroucé.
> Làs, Seigneur, je t'ay offensé.

> O Dieu qui as faict ciel et terre,
> A qui veux-tu faire la guerre ?
> Me veux-tu donc mettre si bas?
> Helas, mon fils, helas, helas !
> Par quel bout doy-je commencer ?
> La chose vaut bien le penser.

Dans l'entretien entre Abraham et Sara, dans les adieux de celle-ci à Isaac, rien ou presque rien non plus, qui rappelle les accents pathétiques du texte grec. De Bèze a reculé devant le sujet qui s'offrait à lui. Le mari et la femme, sortant de leur maison, poursuivent une conversation commencée à l'intérieur; Sara éprouve des craintes, mais elle n'est pas mise nettement en présence du sacrifice à faire. Ses questions et les réponses d'Abraham se suivent vers à vers et toutes les répliques du patriarche, sauf une, contiennent le mot Dieu, ce qui est assurément voulu et ce qui montre bien quelle est en ce passage la pensée dominante de l'auteur. Dans l'entrevue entre la mère et le fils, seuls quelques mots indiquent le trouble maternel :

> SARA [à Abraham].
>
> Or sus, puis que faire le faut,
> Je prie au grand Seigneur d'en-haut,
> Mon seigneur, que sa saincte grace
> Tousjours compagnie vous face.

[*à Isaac.*]

Adieu mon fils.

ISAAC.

Adieu ma mere.

SARA.

Suivez bien tousjours vostre pere,
Mon ami, et servez bien Dieu :
Afin que bien tost en ce lieu
Puissiez en santé revenir.
Voila, je ne me puis tenir,
Isaac, que je ne vous baise.

ISAAC.

Ma mère, qu'il ne vous desplaise,
Je vous veux faire une requeste.

SARA.

Dites, mon ami, je suis preste
A l'accorder.

ISAAC.

Je vous supplie
D'oster ceste melancolie.
Mais, s'il vous plaist, ne plourez point,
Je reviendray en meilleur poinct,
Je vous pri' de ne vous fascher...

SARA.

Làs, je ne say quand ce sera
Que revoir je vous pourray tous.
Le Seigneur soit avec vous.

ISAAC.

Adieu ma mere.

ABRAHAM.

Adieu.

TROUPE.

Adieu.

ABRAHAM.

Or sus departons de ce lieu.

Plus loin, au moment où Isaac vient de pré-
parer le bûcher, Sara fait encore une apparition
sur la scène. Trois jours sont censés s'être
écoulés, sur les six que doit durer le voyage
d'Abraham. Elle exprime en un monologue de
34 vers, plus expressifs que les précédents, les
tourments que lui cause la longueur de l'attente,
et son rôle dans la pièce est fini.

C'est la scène du sacrifice qui est la partie prin-
cipale et la meilleure partie de l'œuvre de Théo-
dore de Bèze.

Elle offre par endroits quelques curieuses ana-
logies avec le mystère crétois. De Bèze a mis, un
peu tardivement, dans la bouche d'Abraham lui-
même certaines des objections qui sont, dans le
texte grec, présentées par Sofer :

ABRAHAM.

Comment? comment ? se pourroit-il bien faire
Que Dieu dist l'un, et puis fist du contraire ?
Est-il trompeur ? si est-ce qu'il a mis
En vray effect ce qu'il m'avoit promis.
Pourroit-il bien maintenant se desdire ?...
Mais il peut estre aussi que j'imagine
Ce qui n'est point; car tant plus j'examine
Ce cas ici, plus je le trouve estrange.
C'est quelque songe, ou bien quelque faux-ange
Qui m'a planté ceci en la cervelle :
Dieu ne veut point d'offrande si cruelle...
Qu'un autre soit de mon fils le meurtrier.
Helas Seigneur, faut il que ceste main
Vienne à donner ce coup tant inhumain ?
Làs, que feray-je à la mere dolente,
Si elle entend ceste mort violente ?
Si je t'allegue, helas, qui me croira ?
Si ne le croit, làs, *quel bruit en courra* ?
Serai-je pas d'un chacun rejetté
Comme un patron d'extreme cruauté ?

Les vers qui suivent immédiatement ceux-là,
bien que ne donnant lieu à aucune comparaison
méritent d'être cités :

Et toi, Seigneur, qui te voudra prier ?
Qui se voudra jamais en toy fier ?
Làs pourra bien ceste blanche vieillesse
Porter le faix d'une telle tristesse ?

Ay-je passé parmi tant de dangers,
Tant traversé de pays estrangers,
Souffert la faim, la soif, le chaut, le froid,
Et devant toy tousjours cheminé droit :
Ai-je vescu, vescu si longuement,
Pour me mourir si malheureusement?
Fendez mon cœur, fendez, fendez, fendez,
Et pour mourir plus longtemps n'attendez.
Plustost on meurt, tant moins la mort est greve.

Un rapprochement encore :

Arriere chair, arriere affections,
Retirez-vous, humaines passions,

et nous arrivons au dialogue final, qui offre, lui
aussi, quelques traits de ressemblance avec le
texte grec :

ABRAHAM.

Hà mon ami, si vous saviez que c'est.
Misericorde, ô Dieu, misericorde !
Mon fils, mon fils, voyez-vous ceste corde,
Ce bois, ce feu, et ce cousteau ici ?
Isaac, Isaac, c'est pour vous tout ceci...

ISAAC.

Hélas, pere tresdoux,
Je vous suppli, mon pere, à deux genoux
Avoir au moins pitié de ma jeunesse.

ABRAHAM.

O seul appuy de ma foible vieillesse !
Làs, mon ami, mon ami, je voudrois
Mourir pour vous cent millions de fois :
Mais le Seigneur ne le veut pas ainsi.

ISAAC.

Mon pere, helas, je vous crie merci.
Helas, helas, je n'ay ne bras ne langue
Pour me defendre ou faire ma harengue
Mais, mais voyez, ô mon pere, mes larmes.
Avoir ne puis ni ne veux autres armes
Encontre vous : je suis Isaac, mon pere,
Je suis Isaac, le seul fils de ma mere,
Je suis Isaac, qui tient de vous la vie :
Souffrirez-vous qu'elle me soit ravie ?...

ABRAHAM.

Helas mon fils Isaac, Dieu te commande
Qu'en cest endroit tu lui serves d'offrande,
Laissant à moy, à moy ton poure pere,
Làs quel ennuy !

ISAAC.

Helas ma poure mere,
Combien de morts ma mort vous donnera !...
Seigneur, tu m'as et creé et forgé,
Tu m'as, Seigneur, sur la terre logé,
Tu m'as donné ta saincte cognoissance :
Mais je ne t'ay porté obeissance
Telle, Seigneur, que porter je devois:
Ce que te prie, helas, à haute voix,

Me pardonner. Et à vons mon seigneur,
Si je n'ay fait tousjours autant d'honneur
Que meritoit vostre douceur tant grande,
Tres humblement pardon vous en demande.
Quant à ma mère, helas, elle est absente.
Veuille, mon Dieu, par ta faveur presente
La preserver et garder tellement,
Qu'elle ne soit troublée aucunement...

ABRAHAM.

Làs, mon ami, avant la departie,
Et que ma main ce coup inhumain face,
Permis me soit de te baiser en face.
Isaac mon fils, le bras qui t'occira,
Encor' un coup au moins t'accolera.

ISAAC.

Làs grand merci...

Lorsque l'ange a arrêté le couteau d'Abraham,
il adresse quelques mots au patriarche, suivant
la tradition biblique, et la pièce finit sur un épi-
logue édifiant, qui était probablement débité par
l'un des personnages.

Quelles conclusions peut-on tirer des quelques
rapprochements que nous venons de faire et
auxquels on pourrait, à la rigueur, en ajouter deux
ou trois autres, plus sujets à caution? Une certaine
réserve est ici de mise. Il est naturel que des

situations identiques appellent des sentiments tout semblables. Pourtant les paroles d'Abraham comparées à celles de Sofer paraissent indiquer plus qu'une simple coïncidence et, comme il ne saurait être question d'une influence du mystère crétois sur la tragédie française, il y a lieu de croire que les deux auteurs ont subi, par des voies probablement très différentes, l'influence d'une tradition dramatique commune, dont on trouverait sans doute d'autres traces dans les mystères qui, au xv° et au xvi° siècle, ont été composés sur le même sujet.

Mais ce qui surtout ressort d'une lecture comparée des deux textes en question, c'est l'écrasante supériorité, au point de vue théâtral et profane, de l'œuvre du poète crétois.

Je ne crois pas qu'à l'époque moderne cette tragédie sacrée ait été jamais représentée en Grèce. On ne l'y trouve que sous forme de petites plaquettes, de plus en plus clairsemées, à l'usage des gens du peuple, qui maintenant les délaissent pour les romans à bon marché. Parmi les gens du monde, bien peu en ont entendu parler et moins encore l'ont lue. Ce petit chef-d'œuvre est tombé peu à peu dans le plus injuste oubli. Il est grandement désirable qu'un directeur de

théâtre vienne un jour l'en tirer et donne ainsi au
public grec l'occasion d'apprécier une pièce dont
il pourrait être très légitimement fier.

CHAPITRE VII

LA BELLE BERGÈRE

Caractère du poème. — Drymitinos n'en est que l'édi-
teur. — Analyse. — Ce poème est encore connu du
peuple grec.

Parmi les textes grecs modernes publiés en
France, la *Belle bergère* offre cette particularité
d'avoir eu les honneurs de trois éditions en un
espace de trente ans (1). La raison de ce petit succès
de librairie peut être cherchée, en partie dans la
faible étendue de ce texte, qui ne compte que
498 vers, et en partie aussi dans la faveur dont

---

(1) La *Belle bergère*, poème en dialecte crétois par Nicolas
Drymitinos publié par Émile Legrand (*Collection de monuments
pour servir à l'étude de la langue néo-hellénique*, n° 1), 3ᵉ édit.,
Paris, 1900, 42 pag., in 8°. H. Pernot, *Le poème crétois de la
Belle bergère* (*Mélanges Émile Picot*, Paris, 1913, in-8°, t. II,
pag. 89-102). La vraie appellation du poème paraît avoir été
plutôt *La Bergère*, mais nous lui garderons celle qu'a adoptée
Legrand, d'après le titre versifié des éditions vénitiennes, et
sous laquelle il est maintenant connu.

il a toujours été l'objet auprès des lettrés. Déjà au xvii⁰ siècle, Huet, le docte évêque d'Avranches, qui le connaissait sans doute d'après une édition vénitienne, portait sur lui, en latin, le jugement que voici :

Peut-on nier que ce poème, si plein de douceur, soit la perle et le joyau de la poésie grecque vulgaire? Le style en est brillant, soigné et coulant. En lisant les infortunes de cette pauvre Βοσκοπούλα (1), j'ai eu peine à retenir mes larmes, sachant surtout que le sujet du poème n'était pas fictif, comme c'est souvent le cas, mais au contraire parfaitement véridique. L'auteur en outre a mis dans son œuvre tant d'art, il y a répandu tant de grâces et de charmes, qu'à mon avis les précieux vers de ce poète distingué sont ὡσὰν τριανταφυλλάκια στὸ περιβόλι τῶν Μουσῶν (2).

Il est vrai que Huet avait, pour le genre littéraire auquel appartient la *Belle bergère*, l'enthousiasme et les larmes également faciles. L'*Astrée* était pour lui « l'ouvrage le plus ingénieux et le plus poly qui eust jamais paru en ce genre et qui a terni la gloire que la Grèce, l'Italie et l'Espagne

(1) *Bergère.*

(2) Huet, qui avait des connaissances de grec moderne, compose ici une phrase en grec vulgaire, qui signifie *comme de petites roses dans le jardin des Muses.*

s'y estoient acquise ». Il lisait ce roman avec sa sœur et tous deux interrompaient fréquemment cette lecture, afin d'essuyer leurs pleurs. Son témoignage pourrait donc être à bon droit récusé, s'il était isolé, et si, outre que nous possédons le poème, de bons critiques en la matière n'avaient émis sur la *Belle bergère* des jugements qui, pour être moins enthousiastes que celui de Huet, sont encore suffisamment élogieux.

C'est une tâche difficile que de donner à des lecteurs français une idée exacte de cette pastorale crétoise. Une traduction intégrale, vu la brièveté du texte, parait indiquée à première vue. Legrand, qui l'avait essayée, a fini par s'abstenir et cite à ce propos ces paroles de Charles le Beau : « Transporter hors des bocages fleuris de la Grèce des bergers, charmants dans leur rusticité, c'est, ou bien les dépouiller de leur si aimable simplicité et les transformer en galants trop peignés et trop élégants qui jouent les paysans, ou bien en faire des chevriers malpropres et grossiers. » En 1698, un jeune homme cependant l'a tenté, malheureusement en vers latins : peut-être une translation en français du xviiᵉ siècle eût-elle gardé pour nous une saveur rappelant celle de l'original. A l'heure présente une traduction com-

plète ne laisse guère que le choix entre deux
défauts, la paraphrase ou la platitude. La *Belle
bergère* est une de ces fleurs champêtres qui ne
gardent que bien peu d'elles-mêmes, lorsqu'on les
dessèche entre les feuilles d'un livre.

Est-ce à dire que nous ayons affaire à une de
ces productions, comme la *Séduction de la jou-
vencelle* par exemple, dont les auteurs, anonymes,
se sont si bien identifié les idées, les sentiments,
les façons de parler du peuple, que nous qualifions
aujourd'hui leur œuvre de populaire? En aucune
façon. Ce poème est une *bergerie*, comparable à
celles qui ont vu le jour chez nous à la fin du xvi^e
et au commencement du xviie siècle, de même
époque, influencée sinon par celles-ci, du moins
par leurs aînées italiennes, mais grecque en
même temps, voire même crétoise, et marquée
par là d'un caractère particulier ; ce que Gidel a
heureusement défini : « un ambigu entre Théo-
crite et le Guarini ».

Un rapprochement avec le *Pastor fido* semblait
si naturel aux contemporains, que le libraire
Antoine Pinelli a orné le titre de la première édi-
tion de la *Belle bergère*, d'un bois qui nous paraît
avoir été originairement destiné à la pastorale
italienne.

Cette première édition est de 1627. Elle est
signée, en vers, par Nicolas Drymitinos, de la
province d'Apokorona, dans l'île de Crète, et les
trois strophes finales qui renferment cette signa-
ture indiquent en même temps quel sens il con-
vient d'y attacher : Il existait en Crète, avant
1627, d'autres versions manuscrites du poème ;
Drymitinos a fait un choix parmi elles, et le texte
qu'il nous donne est, dit-il, meilleur que tous les
autres. D'où l'on est autorisé à conclure que Dry-
mitinos est, non pas l'auteur, mais simplement
le premier éditeur de cette pastorale. Nous igno-
rons présentement quelles en sont, et le véritable
auteur, et les sources directes, si tant est qu'il
en existe de telles. Nous ne savons rien non plus
des versions qui circulaient en Crète antérieure-
ment à celle-ci ; la tradition orale dont nous
dirons un mot plus loin repose uniquement sur
les éditions vénitiennes. Est-il permis d'escomp-
ter la découverte de quelque manuscrit, qui vien-
drait éclaircir cette question ? Assurément, dans
ce domaine, rien ne peut être qualifié d'impos-
sible. Cependant les dévastations répétées dont a
été l'objet pendant des siècles cette pauvre île de
Crète laissent à cet égard bien peu d'espoir.

*
* *

Le poème tout entier n'est autre chose que le récit, placé dans la bouche d'un jeune berger, d'une aventure d'amour :

En un lieu très écarté, dans une vallée, — un matin je conduisis mon troupeau, — parmi les arbres, les prés, les rivières, — les roseaux frais et verts.

Au milieu de ces arbres fleuris, — là où les jeunes daims paissaient, — sur la terre humide les herbes tendres, — où les oiseaux chantaient mélodieusement,

Une belle jouvencelle, une jolie jeune fille, — à l'air avenant et bon, — gardait quelques moutons, — et sa beauté avait la splendeur du soleil.

Le berger veut l'aborder, mais dans les yeux de la belle sont cachés des Amours, qui lui décochent des traits si acérés, qu'il en tombe évanoui. La jeune fille voyant ce mal subit et en devinant la cause, court à la source voisine, y puise de l'eau, dont elle asperge le visage du berger, et lui fait ainsi reprendre ses sens. Il lui adresse alors des remercîments et se demande comment il pourra jamais acquitter la dette de reconnaissance qu'il vient de contracter envers elle. Elle n'a fait, lui répond-elle, que ce que lui dictait la

simple humanité; si elle ne lui avait pas porté
secours en pareille occurrence, ses compagnes
l'en eussent blâmée, les rocs eux-mêmes le lui
eussent reproché ; mais la gentille façon dont il
l'a remerciée vient de toucher son cœur, elle ne
se sent plus maîtresse d'elle-même et elle éprouve
le désir de devenir sa compagne. Ravi de cet
aveu, il lui propose, car sa demeure est loin, de
faire leur lit sur l'herbe.

La lumière du jour diminue, réplique-t-elle, — et le
soleil, berger, va disparaître, — les ténèbres de la nuit
approchent, — la fraîcheur du bois tombe sur nous.
Suis-moi et rendons-nous, — à ma grotte qui est
proche ; — tu mangeras, tu boiras, tu te contenteras le
cœur, — tu t'étendras sur ma pauvre couche,
Et nous nous réjouirons, nous nous divertirons — en
chantant et mangeant. — Pour ton troupeau, qu'il
reste seul — à paître dans cette prairie,
Qu'il reste seul, — heureux du sort de son berger ; —
que tes moutons et tous tes animaux — tiennent com-
pagnie aux miens.

Les deux amants s'en vont en se tenant la main,
au milieu des arbres odorants et à la lueur des
étoiles ; le berger coupe une petite branche de lau-
rier dont il fait une bague, qu'ils se passent succes-

sivement au doigt, et, avec des ris et des jeux, ils arrivent à la grotte, dont l'extérieur est orné de myrtes, de romarins, de lys. La jeune fille ranime le feu qui couvait sous la cendre depuis le matin, le fond d'une écuelle lui sert de lumignon. Tout dans cette grotte décèle l'ordre, la propreté, l'intelligence; les ustensiles de cuisine sont suspendus au mur; près de la jeune fille est la petite cuve dans laquelle elle trait ses brebis tous les soirs.

Je lui demande : As-tu un frère ou un père?—Quel est le maître de cette grotte ? — Car j'avais vu un coutelas aiguisé — attaché par une courroie neuve.

Elle me dit : J'ai un père déjà vieux, — qui est parti hier à la carrière — extraire de la pierre pour faire un bercail — et m'a laissée seule, comme tu vois.

Il ne reviendra pas avant la semaine prochaine — et tous ces jours tu trouveras ici la solitude ; — c'est moi qui suis maîtresse de la grotte, — ne crains pas d'y voir personne.

Je n'ai ni frères, ni mère, — ils sont morts depuis longtemps, — je suis seule avec mon père — et cette grotte est à nous.

Elle met du pain, du fromage, du laitage, — de l'agneau froid rôti, sur la pierre plate — qui lui servait de table, — et prépare le repas avec empressement.

Elle avait aussi un peu de vin aigrelet — dans une

tite gourde enjolivée, — elle y mêle de l'eau fraîche,
n boit, — puis m'invite et me l'offre.

Mais je lui dis : Madame, je ne boirai pas de vin, —
ne mangerai pas de cette viande froide, — si ta
harmante personne ne consent — à joindre un
aiser à ton invitation.

Quand elle entendit ces paroles, tout soudainement
— elle devint comme une fleur de sauge, — les roses
multiplièrent sur son visage et elle fut — pareille
un farillon dans l'obscurité (1).

Elle me dit, les yeux baissés : — Il ne convenait
ne me seyait — d'agir effrontément, — mais
est toi que j'en dois accuser ;

Je suis en ta puissance, — bois et donne-moi (à
ire) — avec ou sans ma volonté, — et bois autant
e bon te semblera (2), car jamais je ne connaîtrai
utre que toi.

Ils échangent ainsi leur premier baiser et l'au-
re les surprend au milieu des jeux et des ris.
se lèvent, rejoignent leurs troupeaux, retour-
t le soir à la grotte ; mais le père de la ber-
e est sur le point de revenir, il leur faut se

Le farillon est un réchaud dans lequel les pêcheurs allu-
du feu pendant la nuit, pour attirer certains poissons.
La jeune fille indique ainsi qu'elle consent aux baisers,
prononcer ce mot.

quitter ; elle lui donne rendez-vous dans un mois, car alors elle sera de nouveau seule.

Elle me dit : Berger, va et puisses-tu avoir — bonheur et joies, partout où tu iras. — Aussi loin que tu sois, — je vivrai et je mourrai avec ta pensée.

L'amante dont tu étais comme la lumière — et qui a décidé de t'avoir pour compagnon, — souviens-toi d'elle, ne l'oublie jamais — et fais en sorte de revenir vite.

— Quand tu verras le corbeau devenir blanc, — l'étoile du matin briller le soir — et marcher un corps sans âme, — alors je t'aurai oubliée.

Le poisson vivra sur la terre, — l'Amour perdra son arc, — la nuit sera sans étoiles et sans rosée, — avant que j'abandonne une si jolie bergère.

Le mois se passe, une grave maladie oblige le jeune homme à s'aliter et un autre mois s'écoule avant qu'il puisse, faible encore et en s'appuyant sur un bâton, se diriger vers le logis de son amante.

J'arrive, je vois la grotte couverte de toiles d'araignées, — souillée de boue et de glaise ; — elle me reçoit de tout autre façon — qu'elle ne m'y avait habitué.

Au sommet d'une montagne, dans une carrière,

j'aperçois un vieillard, — maigre et vêtu de noir, — qui gardait quelques moutons.

Je siffle et je l'appelle. Je le salue, — je le questionne sur la bergère. — Je lui parle avec appréhension et crainte — et j'apprends ce que j'eusse tant voulu ne pas entendre.

Il soupire à ma vue, — maudit son triste sort — et me dit en pleurant : « Ta bien-aimée est morte, — elle n'est plus auprès de moi.

Celle dont tu t'informes était ma fille, — ma consolation dans la pauvreté et mon espérance, — mais Charon me l'a ravie — et il a obscurci la lumière de mes yeux.

Elle était toujours gaie et faisait ma joie, — c'était le soulagement de mes vieux jours, — mais le souci qu'elle avait chaque soir — l'a mise prématurément dans l'Hadès.

Jour et nuit elle pleurait, — ne cessait de maudire son sort, — elle se consumait comme une cire qu'on allume, — jusqu'au moment où elle est allée dans la terre...

Il y a eu neuf jours de cela, mon fils. — Avant de rendre l'âme, elle m'a parlé — et m'a fait cette recommandation : « Dans la forêt — passera un bon berger,

Jeune, rieur, élancé, — gracieux, aux cheveux bruns et aux yeux noirs, — et il te demandera des nouvelles — de celle qui est morte et perdue pour lui.

Dis-lui qu'elle est morte, — sans l'oublier, la

malheureuse. — Qu'il la plaigne et qu'il la pleure— et qu'il prenne le deuil pour elle.

Dis lui la raison pour laquelle il l'a perdue : — Quand le mois s'est écoulé, — il l'a oubliée, la pauvre, — et elle en est morte de chagrin. »

D'après la ressemblance, c'est toi-même. — Mon cœur souffre pour toi et te plaint, — car je voulais faire de toi mon enfant — et nous avions parlé de mariage. »

Le père conduit alors le berger sur la tombe de celle qu'ils pleurent tous deux, et celui-ci y jure de se vêtir d'habits sordides, de fuir parents et amis, de délaisser sa flûte et son troupeau, pour errer par monts et par vaux, en compagnie d'un agneau blanc qu'il réservait à son amante.

*
* *

Cette gracieuse idylle, une fois parue à Venise, a été fort goûtée du public. Sa renommée s'est répandue dans diverses parties de la Grèce et le souvenir s'en est perpétué chez le peuple jusqu'à nos jours. En 1870, on chantait encore à Milo, en dansant — peut-être le fait-on encore aujourd'hui — les strophes que nous avons citées plus haut :

Quand tu verras le corbeau devenir blanc, l'étoile du matin briller le soir, et marcher un corps sans âme, alors je t'aurai oubliée. Le poisson vivra sur la terre, l'Amour perdra son arc, la nuit sera sans étoiles et sans rosées, avant que j'abandonne une si jolie bergère.

Deux ans auparavant, Marinos Papadopoulos-Vrétos en publiait, dans l'*Almanach national* qu'il éditait alors en grec à Paris, une version de 80 vers, donc sensiblement raccourcie, recueillie dans l'Archipel. En 1890, un habitant de Chio, Constantin Kanellakis, en donnait, sans connaître la source ancienne, ce qui est une garantie d'authenticité, une autre version, si complète (478 vers), que je l'ai considérée comme une copie retouchée d'une des éditions vénitiennes, jusqu'au jour où ce travailleur consciencieux m'a affirmé l'avoir recueillie à Nénita, son village natal, de la bouche d'une vieille paysanne. Les femmes d'un certain âge étant toutes illettrées, dans ces parages, celle-ci n'avait pu qu'entendre lire le poème, et c'est là un exemple caractéristique de l'étonnante facilité avec laquelle des populations, dont la mémoire n'est pas encore affaiblie par l'usage de l'écriture, sont capables de retenir des œuvres de longue haleine. Enfin, en 1910,

également dans l'île de Chio, une autre version
(73 vers) m'a été dite par une femme d'environ
45 ans, qui m'a déclaré l'avoir apprise d'une vieille,
et pour qui elle ne se distinguait en rien des
nombreuses chansons populaires connues dans
son village. Assurément la nature anecdotique de
ce poème n'a pas été sans favoriser sa diffusion,
mais sa simplicité et le charme qui s'en dégage
entrent aussi en ligne de compte. En le retrouvant
aujourd'hui encore sur les lèvres du peuple grec,
on éprouve à peu près la même impression que
si l'on entendait un illettré italien réciter le *Pas-
tor fido* ou l'un de nos paysans dire une bergerie
de Racan.

TABLE DES MATIÈRES

TABLE DES ILLUSTRATIONS

Page 138, ligne 2, lire : *Bibliographie*, au lieu de *Bibliothèque*.

Page 153, ligne 2, lire : 1577, au lieu de 1877.

LE PUY-EN-VELAY. — Imprimerie PEYRILLER, ROUCHON ET GAMON

OUVRAGES EN VENTE A LA LIBRAIRIE

LEGRAND (Émile). **Les Exploits de Digénis Akritas.**
Épopée byzantine du xᵉ siècle, publiée pour la pre-
mière fois d'après le manuscrit unique de Trébizonde.
Un volume in-8, broché. . . . . 15 francs.

> Texte grec, traduction française en regard, notes et
> glossaire.

— **La belle Bergère.** Poème en dialecte crétois par
Nicolas Drymitinos, publié d'après le seul exemplaire
connu de l'édition princeps. 3ᵉ édition. Paris, 1900,
in-8, br., 152 p. . . . . 6 francs.

— **Bibliothèque grecque vulgaire.** Paris, 1880-1902,
9 vol. in-8, br.

> Chaque volume se vend séparément 20 francs, excepté
> le tome VII qui est à 40 francs. (Vol. VIII épuisé.)

PERNOT (H.). **En pays turc,** L'île de Chio. Un volume
in-8, br., illustré, avec mélodies populaires notées. Paris,
1903. . . . . 7 fr. 50

— **Anthologie populaire de la Grèce moderne,** in-8,
276 p. . . . . 3 fr. 50

> Chants héroïques. — Chants historiques et kleftiques. —
> Chants légendaires. — Chants d'amour. — Chansons de
> coutumes. — Berceuses. — Chants nuptiaux. — L'exil. —
> Charon. — Mirologues. — Distiques.

— **Lexique français grec moderne à l'usage du
Corps expéditionnaire d'Orient.** Paris, 1915, in-16,
144 p. . . . . 1 fr. 50

SATHAS (C.). **Bibliotheca Græca medii ævi.** 7 vol., in-8,
brochés. . . . . 80 francs.

— **Documents inédits relatifs à l'histoire de la
Grèce au moyen âge.** Première série, **Documents
tirés des Archives de Venise** (1400-1500), 9 vol. in-4,
br., avec fac-similés de portulans . . . . . 185 francs.